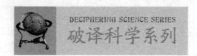

DECIPHERING SCIENCE SERIES
破译科学系列

王志艳◎编著

世界国宝
传世之谜

科学是永无止境的
它是个永恒之谜
科学的真理源自不懈的探索与追求
只有努力找出真相，才能还原科学本身

延边大学出版社

图书在版编目（CIP）数据

世界国宝传世之谜 / 王志艳编著. —延吉：延边大学出版社，2012.6（2021.6 重印）
（破译科学系列）
ISBN 978-7-5634-4879-1

Ⅰ．①世… Ⅱ．①王… Ⅲ．①文物－世界－青年读物
Ⅳ．① K86-49

中国版本图书馆 CIP 数据核字（2012）第 115497 号

世界国宝传世之谜

编　　著：王志艳
责任编辑：李东哲
封面设计：映像视觉
出版发行：延边大学出版社
社　　址：吉林省延吉市公园路 977 号　邮编：133002
电　　话：0433-2732435 传真：0433-2732434
网　　址：http://www.ydcbs.com
印　　刷：永清县晔盛亚胶印有限公司
开　　本：16K　165×230 毫米
印　　张：12 印张
字　　数：200 千字
版　　次：2012 年 6 月第 1 版
印　　次：2021 年 6 月第 3 次印刷
书　　号：ISBN 978-7-5634-4879-1
定　　价：38.00 元

　　源远流长的中华文明为我们留下了众多弥足珍贵的文化遗产，它们是那样的流光溢彩、精美绝伦、令人振奋。

　　能称得上国宝的一定是人类文化的精品：金缕玉衣、青铜器、兵马俑，这些中华文明的瑰宝，用它们斑驳的身躯，见证着历史的变迁；圆明园十二兽首、北京人猿化石、《清明上河图》真迹……这些传世国宝的背后，掩藏着多少惊人的秘密。可以说，几乎每一件流传至今的国宝背后，都隐藏着一段历史往事，有着婉转悠扬的故事。每一件国宝都是一个时代的缩影，凝固了一段沉眠于岁月深层的传奇，散发着一种神秘而悠远的气息。不管这段历史旧事是多么的沧桑或辉煌，多么的曲折或坦荡，多么的匪夷所思或合情合理，多么的屈辱凄凉或激荡昂扬，它们都是中华文明的一部分。

　　当你读完这本书，你沉浸在这些故事里或欣喜若狂、或扼腕长叹，它们曲折的流传经历让这些无价之宝在你的视野里慢慢呈现，使你在回肠荡气之余与博大精深的传统文化的交流中受教获益。

　　本书选择了中国历史上最具代表性和典型性的国宝故事，从一个新的视角帮助青少年朋友了解和认识中华文明的精髓，以增强青少年朋友的民族自豪感，提高青少年的文化历史知识素质。

　　本书在编写过程中，参考了大量相关著述，在此谨致诚挚谢意。对于书中存在的纰漏和不成熟之处，恳请各界人士予以批评指正，以利再版时修正。

目录 CONTENTS

神秘的金缕玉衣之谜

金缕玉衣是汉代皇帝和高级贵族死后的葬服。按封建等级不同，玉衣有金、银、铜之分，以金缕为最高等级。据《后汉书·礼仪志》载，皇帝"玉衣"用金缕；诸侯王、列侯、始封贵人、公主用银缕；大贵人、长公主用铜缕。

在相当长的一段时间里，人们对金缕玉衣形制的了解仅限于古代典籍中的记载，从来没有见过完整的实物。1968年，河北满城汉墓中出土的两套完整的金缕玉衣，是中国考古史上的首次发现，震惊了当时现场所有的考古人员。

刘胜的玉衣长1.88米，用玉片2498块，金丝约1100克，分头面、长衣、裤、手套和鞋五部分。刘胜妻子窦绾的玉衣长1.72米，用玉片2160块，金丝约700克，结构相同。随着金缕玉衣的现世，一系列问题也摆在了人们面前：为什么古人将金缕玉衣作为殓服？这种丧葬习俗主要盛行于何时？它真的能像埃及的木乃伊一样使尸体千年不腐吗？

一、满城"陵山"湮没已久的秘密

满城是河北省保定市下属的一个县。在县城西北面1.5公里处，矗立着一座海拔235.8米的山丘，山丘有一个奇怪的名字，叫"陵山"。在陵山附近，自古延续下来两个名叫"守陵"的村庄。村里的老人都说他们的祖先是守陵的，可是究竟在给谁守陵，陵在哪里？漫长的岁月里，没有谁能够说得清楚。直到1968年5月23日，解放军工程兵某部的一次爆破施工，才解开了这个千古之谜。

1968年5月23日下午3时，当战士们在距离山顶30米的一个朝东地带打眼放炮时，奇怪的现象发生了。爆炸声过后，并没有像往常那样崩下来许多碎石头，炮的声音也不像平时那么脆响，而是十分沉闷，好像还有回声。

△ 金缕玉衣

　　这是怎么回事？大家都感到十分纳闷。班长于是命令一个战士爬上去看个究竟。这个战士攀着岩石爬了上去，当他刚刚站到放炮处时，他的双脚似乎突然失去支撑，身体随着石头渣慢慢往下沉去。待他完全反应过来时，他已经和一大堆石头一起落进了一个黑咕隆咚的山洞里。洞里一片漆黑，伸手不见五指，他的脚下是冰凉的淤泥和一些坛坛罐罐。

　　突然，有一股十分陌生的奇特气味扑鼻而来，阴森恐怖！这名战士胆子很大，他稳了稳心神后，便急忙朝透着微弱光亮的地方爬去。这时正好班长带着战士们爬过来，大家赶紧伸手把他拉了上去，好在人没有受伤。

　　在洞口商量片刻，战士们决定再进洞深处探一下究竟。当他们打着手电进洞之后，才发现地上散落着许多凌乱而腐朽的木料，以及许多造型奇特而古怪的铁器、陶器和青铜器等，都是他们从未见过的器物。

　　好奇心促使战士们顺着洞穴继续往里走去，没想到越往里面空间越大，而且地上散放着大大小小、样式古老的数不清的生活用具。

"一定是一个古墓!"一个老兵首先缓过神来。

"对,我们挖到古墓了,必须马上向上级报告,同时注意保护好现场,严格保密,不得向任何人泄露!"班长严肃地说。他们封好洞口,又留下了两个隐蔽哨,就火速返回驻地向上级作了汇报。

施工发现古墓的消息立即引起部队领导的高度重视,并在第二天以"绝密"文件的形式报告给了河北省有关领导。随即,河北省有关部门一面秘密派出考古专家郑绍宗、孙德海等人前往现场探查;一面向中央有关部门拍发加急电报进行汇报。

从该墓陆续出土的文物中,人们发现许多铜器都刻有"中山内府"字样的铭文。中山指的是中山国,历史上曾经出现过两个中山国:一个是春秋战国时代的鲜虞中山国;另一个是西汉时期的属国中山国。

战国时期的中山国的文字属于金文,而铜器上的这种文字则接近汉隶了,另外,从墓里出土的铜器,也和战国中山国的出土文物完全不一样,属于西汉风格,所以考古专家们确定这座墓的年代当属西汉时期的中山,而不是战国时期的中山。

后来,考古工作者把这座墓室起名为"满城汉墓一号墓"。随着勘察清理工作的逐步深入,一号墓的整体形制也渐渐清晰起来。

汉朝皇帝死后往往用夯土的形式,把陵墓筑成巨大的坟丘,这种墓葬形式就是土坑墓。而满城汉墓一号墓的墓室是依山开凿的巨大洞穴,考古学家把这种墓室称为崖墓。西汉的11个皇帝当中,只有汉文帝的"霸陵"是崖墓。汉文帝的霸陵至今没有发掘,满城汉墓使人们第一次看到了崖墓里的墓室结构。

在西汉,只有诸侯王的地位仅次于皇帝,此墓在中山国境内,当然就是中山王的陵寝。中山国作为诸侯国延续了150多年,共有10位王执政。虽然初步认定这是西汉一位中山王的墓葬,但究竟会是10位中山王中的哪一个呢?

二、高层次大规模的考古发掘

1968年6月15日,经周恩来总理亲自批示,中国科学院院长郭沫若先生挂帅,科学院考古研究所和河北省文化局考古工作队组成的联合考古队,在当地驻军的协助下开始了一场大规模的考古发掘活动。

6月27日，在严格保密的状态下，考古工作队开始进驻河北省保定市满城县的陵山"军事禁区"，正式开始了对汉墓的发掘清理工作。

考古队员从洞口一进入古墓，就感觉到一阵阵阴冷，不仅夹杂着腐烂气味的湿气扑面而来，头顶上也不时滴落下冰冷的水滴。队员们沿着墓道小心翼翼地蹒跚前行，不仅是为了防范不可预知的危险，也是担心碰坏满地皆是的古董文物。随着时间的推移，队员们感觉到墓穴越来越深，且空间越来越大。

墓室由墓道、甬道、南耳室、北耳室、中室和后室六部分组成。如果俯看整座墓室，犹如一个"古"字。秦汉以前，墓葬形制一般采用模仿地上建筑的模式。这样设计是为了把生前的一切都象征性的搬入地下，叫做事死如事生。到了汉代，根据墓主人身份的不同，墓室分别采用宫殿或者房屋的建筑。

考古工作者开始仔细清理中室的出土文物。在中室的中间位置，他们清理出十几盏造型各异的铜灯。其中有一盏铜灯吸引了专家的目光，灯的底座是一个匈奴人的形象，专家对铜灯上的铭文进行解读，才知道这件铜灯为"当户灯"。

"当户"是当时匈奴的一种官职名称。据考古专家推测，这件当户灯，制作于汉朝和匈奴之间矛盾异常尖锐的时期，用匈奴人当做灯的底座，显然是对匈奴人的一种蔑视。墓中的这位中山王，很可能就生活在与匈奴频繁开战时期，甚至是汉帝国众多北方诸侯王中抵御匈奴入侵的首领之一，那么他究竟是谁呢？

在清理地面器物时，考古人员发现了大量古钱币，它们属于公元前2世纪前后西汉王朝的"五铢钱"。而在一些铜器上，人们还发现了刻有"中山府"、"中山内府"、"中山宦者"字样的铭文。

据史书记载，早在4000多年前的春秋战国时期，河北保定、满城一带就有一个名叫中山的古王国。它在诸侯争霸中被强大的敌人灭亡，但中山这个名字却一直保留了下来。到了西汉年间，古中山国一带被皇帝分封给诸侯王，封国仍取名为中山。

从钱币和铜器上的铭文看，墓主人应该是西汉中山国的一位诸侯王。在一些器物的铭文中，考古人员发现有纪年的标注，如32年、34年、36年，最多的达到39年，这说明，墓主人在位时间至少在39年。

根据《史记》、《汉书》的记载，中山国的王在位超过30年的，只有中山靖王刘胜。据此，考古人员初步推断墓主人是刘胜。

刘胜，汉景帝刘启的庶子，汉武帝刘彻的异母兄长。公元前154年，汉景帝刘启封刘胜为中山靖王。

相传，有一日刘胜登上了满城的凤凰山，见三峰相连，主峰居中，两峰如左辅右弼，形如坐西朝东的太师椅，又似筑有双阙的城堡。于是他就对随从说，自己百年之后便安寝在这座山上。此后，凤凰山上开始大兴土木。公元前113年，刘胜死后便葬入凤凰山，山名也因此改为陵山。

此次的考古发掘，破解了陵山、守陵村得名的千古之谜，原来，守陵村村民的祖辈即是中山靖王的守陵人。

据史书记载，刘胜"乐酒好内"，"子女百十余人"。北耳室出土的十几个大酒缸成了刘胜"乐酒"的最好佐证。经估算，这些酒缸总共可储存几千斤酒。看来，刘胜不仅"乐酒"，而且很可能还是海量。

整个墓室中出土最多的就是酒器。除了发掘出大量的青铜酒具，在中室中，还不时发现一些残破的玉器和玉饰品，这引起了人们极大的兴趣。

玉在中国已有近万年的历史。到了汉代，人们不仅把玉作为财富和权力的象征，还坚信以玉护身，能使尸体保持不腐烂。

玉衣在战国末期大概就有了雏形。在汉代史书中，玉衣出现的频率最高。1959年河北定县北庄汉墓出土了带穿孔的玉片4000多片，在徐州出土的西汉早期墓葬中，也发现了玉衣的散片，可惜出土的玉衣都不完整。满城汉墓的主人是诸侯王，这也是当时汉代考古发现中身份最高的一位墓主人。那么这座汉墓中会不会出现玉衣呢？考古人员满怀期待。

中室发掘完后，人们始终没有发现墓主人的棺椁。于是，所有人的目光都集中在了后室。后室是一个用石板搭建起来的石屋，南边还有一个侧室，里面的文物被厚厚的草木灰覆盖。将草木灰清理完以后，人们发现这里的随葬品更加丰富。

就在这时，在后室的北侧，挖掘人员发现了几块散落的玉片。几名考古队员加快了清理工作，他们认为可能会清理出更多的散落玉片。

谁也没有想到，在散落玉片的下面，出现了一件类似铠甲似的东西。当考古人们把堆积在上面的朽木灰和金属饰件全部清理完后，一件用金丝连缀着玉片的铠甲状的东西出现在人们眼前。这难道就是"金缕玉衣"吗？

满城汉墓中出现的这套完整的金缕玉衣，是中国考古乃至世界考古史上的首次发现，当时在现场的人员都激动万分。

在清理玉衣周围的随葬品时，玉衣的东侧发现了60多个金豆，令考古工作者颇为疑惑。

7月22日，中国著名的历史学家、时任中国科学院院长的郭沫若先生从北京出发驱车赶往陵山。刚一下车，郭沫若顾不上休息，便直接来到墓室。郭老从玉衣的周围存放的金豆数目上，判断出刘胜大概活了60多岁。

史书记载，刘胜做了42年中山王，于公元前113年病死。按照郭沫若的推断，刘胜大概出生于公元前170年前后。

然而，人们发现棺椁里的金缕玉衣是扁的，那么，刘胜的尸骨去哪里了呢？又一个惊天秘密露出端倪。

考古人员正被刘胜尸骨在何处的问题困扰，一个新的发现又吸引了大家的目光。

当考古人员向郭沫若汇报说古墓北面山势地貌特征也很奇特时，这再次引起了郭老的兴奋。于是，郭老在对刘胜墓地的方位、地形和周围环境做了长时间的观察后，又信步向北走出了100多米，然后以十分肯定的口吻对考古队员说："这里应该是刘胜妻子的墓地！"对此，考古队员们大惑不解，于是郭老便向大家解说汉代"同坟异葬"的习俗，并建议考古队继续发掘第二座汉墓。

8月13日，考古队的原班人马开始在距离一号墓的北边继续发掘。果然，第二座陵墓出现了，这就是"满城汉墓2号墓"。二号墓的墓室结构与一号墓大体相同，可以明显的看出是在吸取一号墓的经验上开凿而成的。刘胜的尸骨很有可能就在这座墓中。然而该墓出土的许多物品都是当时女性的用品，另外这里陪葬的武器也很少，种种迹象都表明这里埋葬的应该是一位女性。

二号墓中出土的一件铜灯十分特别，经过组装的这件铜灯与刘胜墓中的"当户"灯不同，这座宫灯是一个"宫女"的形象。

这座宫灯高48厘米，通体镀金。灯的设计精巧，宫女造型生动，灯身为一跪坐执灯的宫女，左手执灯盘，右臂袖口下垂成灯

△ 长信宫灯

罩，灯盘短柄手转动，盘上有灯罩可以开合，可根据需要调节亮度及照射方向。灯油燃烧产生的烟可通过宫女的右臂进入体内，附着于体腔而保持室内洁净。灯的各部分既组成一个完美的整体，又可拆卸便于清洗。这座宫灯的外侧刻有"阳信家"三字。"阳信"指的是谁呢？据史书记载，阳信指诸侯王刘揭。尤其重要的是灯座底部刻有"长信尚浴，今内者卧"的铭文，"长信"指的是长信宫。汉文帝时期，长信宫的主人是汉文帝的皇后窦氏，而她正是中山靖王刘胜的祖母。考古工作者后来据此将这件铜灯命名为长信宫灯。1968年9月16日，在二号墓的后室一个锡制的盒子里发现了一枚铜印。经过室内清理，专家们发现这个印是方形的，中间有孔，属串带印，正面有"窦绾"两个字，背面是"君须"两个字。据此，专家们进一步推测，窦绾应该就是刘胜的妻子，即中山国的王后，而那个长信宫灯就是窦太后送给窦绾的陪嫁品。这枚印章不仅从另一方面佐证了一号墓墓主刘胜的身份，也印证了郭老关于二号墓墓主为刘胜之妻的推测。就在考古工作者为墓主人身份

的确定而欢欣鼓舞时，另一个更令人惊喜的消息在工作队中迅速传开：二号墓中又发现了一件金缕玉衣。这件玉衣比刘胜墓出土的玉衣略小，玉衣胸部的玉片不是用金丝编缀，而是用丝织物编结而成。由于年代久远，织物早已腐烂，又受玉璧及棺椁朽木灰所叠压，部分玉片已经散乱。考古工作者在清理满城二号汉墓玉衣时，发现在玉衣里面有墓葬主人的颈脊椎骨和4根肋骨，以及3颗牙齿，看来二号墓的主人是穿着玉衣入葬的。这更加重了人们的疑问：为什么一号汉墓里没有刘胜的尸骨呢？据此，专家们试着打开了刘胜的玉衣，发现里面有一些枣泥灰样的东西，以及一些牙齿，他们推断刘胜的尸骨就在玉衣里面，只不过已经腐烂成灰。原来，刘胜采用厚葬的形式，随葬品非常丰富，而动物的残骸和大量的陪葬用酒，增加了墓室中有机物的含量，导致尸体容易腐烂。另外，洞中潮湿的环境也加速了这一过程。满城汉墓出土的上万件文物中，金缕玉衣无疑最为引人注目。王朝强盛带来的财富，让中山王刘胜和王后窦绾追求生命不朽，他们费尽心机要保护自己在死后的遗体永存。然而，无论多么昂贵的玉衣、华美的玉器，都没有使王爷和王后的尸骨永存。在死亡面前，生命不朽只不过是一个精神的追求。除金缕玉衣以外，刘胜墓中出现了大量的兵器。这些兵器，可以使我们想见当时中山国军队武器配备的精良程度。出土的还有几根金针和银针，它们是针灸九针中的几种。它们也是中国目前所见到的最早的古代金属医针，可见汉时的针灸水平是相当高的。与医针同时出土的还有大量医疗器具。

在陵山上，除了刘胜夫妇的一号墓和二号墓，还有18座暴露在外面的小墓。这些小墓分别是刘胜妻妾或者子孙的附葬墓。1968年9月19日，两座汉墓的发掘工作全部结束，人们发现，中山靖王刘胜和王后窦绾，在两座墓葬中为后人留下文物10633件，其中精品文物4000多件，包括完整的金缕玉衣等令世界倾倒的国宝级文物。两座汉墓在全国已发掘的汉墓中是罕见的，被列为"三大汉代文物考古成就之一"，1988年被列为全国重点文物保护单位，1991年正式对外开放。虽然墓主人的遗体已经腐烂，但这一万多件文物却历经两千多年漫长的时光，从西汉一直保存到了今天。

殷墟甲骨文的发现之谜

甲骨文是中国已发现的古代文字中时代最早、体系较为完整的文字。甲骨文主要指殷墟甲骨文，又称为"殷墟文字"、"殷契"，是殷商时代刻在龟甲兽骨上的文字。它的发现过程，却是十分偶然而又富于戏剧色彩的。

1899年秋，在北京清朝廷任国子监祭酒（相当于中央教育机构的最高长官）的王懿荣（1845~1900）得了疟疾，派人到宣武门外菜市口的达仁堂中药店买回一剂中药，王懿荣无意中看到其中的一味叫龙骨的药品上

△ 殷墟文字

面刻画着一些符号。龙骨是古代脊椎动物的骨骼，在这种几十万年前的骨头上怎会有刻画的符号呢？这不禁引起他的好奇。对古代金石文字素有研究的王懿荣便仔细端详起来，觉得这不是一般的刻痕，很像古代文字，但其形状又非大篆或小篆。为了找到更多的龙骨作深入研究，他派人赶到达仁堂，以每片二两银子的高价，把药店所有刻有符号的龙骨全部买下，后来又通过古董商范维卿等人进行搜购，累计共收集了1500多片。

他对这批龙骨进行仔细研究分析后认为，它们并非什么"龙"骨，而是几千年前的龟甲和兽骨。他从甲骨上的刻画痕迹逐渐辨识出"雨"、

"日"、"月"、"山"、"水"等字，后来又找出商代几位国王的名字。由此肯定这是刻画在兽骨上的古代文字，从此这些刻有古代文字的甲骨在社会各界引起了轰动，文人学士和古董商人竞相搜求。

曾有人对王懿荣从中药中发现带字龙骨之说提出质疑，认为王懿荣在他的有关著述中没有这方面的记载，并认为王懿荣吃的龙骨在药店已加工成细粒，是看不出刻痕文字来的。而且当时菜市口一带并没有达仁堂药店。对此，后来研究甲骨文的学者周绍良说，当时龙骨在中药店都是成块、成片出售的，直到20世纪30年代他到中药店买龙骨还是这样。至于达仁堂药店当时确实不在菜市口，但菜市口有家著名的西鹤年堂中药店，当时的人很迷信西鹤年堂，买中药都要去西鹤年堂药店，这也有可能是当时误传造成的结果。

在甲骨文还未确认以前，河南省安阳市小屯村的农民在耕作时就不断在农田里挖刨出古代甲骨。据说把甲骨当做药材到中药铺去卖的第一个人是一位叫李成的剃头匠。一次他害上一身脓疮，没钱去求医购药，就把这些甲骨碾成粉敷到脓疮上，想不到流出的脓水被骨粉给吸干了，而且发现骨粉还有止血的功效。从此他就把它们收集起来，说成是龙骨，卖到了中药铺。

经过许多学者专家考证研究，所谓龙骨其实是商代占卜用的工具。人们在占卜之前，先把龟甲和牛肩胛骨锯削整齐，然后在甲骨的背面钻出圆形的深窝和浅槽，占卜时，先把要问的事情向鬼神祷告述说清楚，接着用燃烧着的木枝，对深窝或槽侧烧灼，烧灼到一定程度，在甲骨的相应部位便显示出裂纹来。于是，占卜者根据裂纹的长短、粗细、曲直、隐显，来判断事情的吉凶、成败。占卜后，便用刀子把占卜的内容和结果刻在卜兆的近处，这就是卜辞。刻有卜辞的甲骨被当做档案资料妥善收藏在窖穴中，遂得流传于后世。甲骨文发现的故事，后来被人们称为"一片甲骨惊世界"的奇迹，在中国和世界考古史上写下了带有传奇性的不朽篇章。

同时，甲骨文的发现也打开了一扇观察3000年前黄河流域人们生活的窗户。

慈禧的满棺珍宝下落如何

慈禧，这个统治清王朝48年的女独裁者，死后不到20年，军阀孙殿英就带兵将北京东陵的随葬财宝洗劫一空。据孙殿英回忆：慈禧的棺盖一掀开，满棺珍宝就使人眼花，光彩夺目，就连手电筒的光亮也黯然失色!盗墓贼将慈禧尸身挖出扔在地宫的西北角。后来去收拾的人发现慈禧全身被剥光，伏于破棺椁之上，脸朝下，长发散而不乱；手反转搭于背上，反转尸首遍体长白毛。被盗随葬财宝除极小部分被孙殿

△ 慈禧太后

英用于贿赂当时政界要人外，极大部分下落至今不明。

据大太监李莲英等著的《爱月轩笔记》记载：慈禧入棺前，棺底先铺上3层金丝串珠绣花锦褥和1层珍珠，共厚1尺多。棺头置放一个满翠碧透的翠玉荷叶，此玉叶面上筋络均为天然生成。棺尾安放着1朵粉红色碧金大莲花。头戴珍珠串成的凤冠，是稀世的无价之宝。身着通贯金线串珠彩绣袍褂，盖的衾被上有珍珠制成的1朵硕大牡丹花，手镯是用钻石镶成的1大朵菊花和6朵小梅花连贯而成。尸身旁放置有翡翠、白玉、红宝石、金雕佛像各27尊。脚下左右两边各放翡翠白菜2棵、翡翠丝瓜2个、翡翠西瓜1个，还有宝石制成的杏、枣、桃、李200多枚。她尸身右侧放置一株玉雕红珊瑚树，上绕青根绿叶

△ 慈禧陵寝门（地宫）前的祭台五供

红果玉蟠桃1枚，树顶处停落一只翠鸟。尸身左侧放置1枝玉石莲花和3节白玉石藕，藕上有天然生成之灰色"泥污"，藕结出绿荷叶，上开粉红色莲花。这些奇珍异宝乃天然雕琢。棺内还有玉石骏马8尊、玉石十八罗汉等700多种珍宝。为填补空隙，棺内还倒入4升珍珠和红、蓝宝石2200多块。慈禧口中含有一颗巨大夜明珠，当分开为两块时，透明无光，合拢时则是一个圆珠，射出一道绿色寒光，夜晚百步之内可见头发。可见慈禧太后不仅生前穷奢极欲，死后也要躺在成堆的金银珠宝之中。然而，稀世葬宝给她带来的并不是永恒安宁，而是横尸荒冢之祸，难道不令后人深思吗？

何家村窖藏金银器之谜

2004年12月底，为了迎接新年的到来，上海博物馆举办了"周秦汉唐文明展"，展出的100多件国宝中，何家村窖藏金银器尤能显示大唐帝国的繁盛气象。何家村位于西安市的南郊，陕西省公安厅的某收容所就设在何家村。1970年10月，收容所为了建造新房而挖地基，当人们把浮土挖到80厘米深的时候，发现了两个陶瓮和一个银罐，陶瓮腹径60厘米，高65厘米；银罐高36厘米，腹径26厘米。两瓮一罐中装有一千多件文物，包括金银器271件、金银铜钱币466枚、银铤8件、银饼22件、银板60件，还有玉器、玛瑙、琉璃、水晶等各种器物。由于获得的金银器数量多，器物种类丰富，品质之高，其中有许多是国宝。它们是了解中国古代制作和使用金银器历史的见证，对于研究丝绸之路也具有重大的价值，因此考古学家称何家村遗宝的发掘是一次划时代的考古发现。在对何家村遗宝进行深入研究时，产生了一些疑问：它们的主人是谁？何时埋藏的？为何埋入地下？

在介绍这些疑惑之前，让我们先来回顾这些国宝所反映的工艺、思想、社会生活和相关的历史文化。

金器中最为珍贵的当数纯金的鸳鸯莲瓣纹碗和宝钿团花纹杯。高5.5厘米、口径13.5、重391克的鸳鸯莲瓣纹金碗，造型优美，通体錾刻美丽的纹饰；底部为连珠纹，就像一颗颗珍珠均匀的连接成了圈足；腹部以鱼子纹为地，双层莲瓣纹，莲花的花瓣凸起（内壁则为凹形，显系采用锻压技术制成），精细美丽；莲瓣中有荷叶和其他花卉，鸳鸯嬉水，生动可爱，也有的花瓣中为飞奔的狐狸，肥胖健壮，可抚可掬。此碗的制作显然是受佛教思想艺术的影响，可是为什么狐狸也同莲瓣有关？图案的设计者究竟是何用意？也是值得深入研究的问题。不管怎样，这个金碗是已知唐代金银器中最为富丽华美的器皿。另一件精美绝伦的金器是高6厘米、口径6.9厘米、足外径3.6厘米、重230克的金筐宝钿团花纹杯，胎厚体重，制造工艺精良，采用翻砂、锤锻、焊接等工艺。器皿的表面有八朵如意云纹、四个团花，团花由扁形金丝缠绕而成，再用焊接法固定到杯体上，这种工艺也称"掐丝"。圈足也是用焊接法固定到杯体上的，握手把也是焊接的。当你举起这个通体飞金流光的金杯为他人祝福，或接受别人对自己的祝福时，会产生何种美好的遐想呢？此外还有铁胎鎏金龙、铁胎鎏金八角杯等装饰。

银器中更加不乏精品。狩猎纹高足银杯，敞口圆唇，银杯的足部比较奇特，似乎在一个一般圈足下特意地加接了一个双层高足。杯体以鱼子纹为地，以一条凸棱纹和一条线纹将杯体分成三个部分，凸棱纹以上和线纹以下为缠枝纹，中间部位为狩猎图案。猎者骑在奔驰的马背上，弯弓搭箭，正向落荒而逃的狐狸射去。四个猎者均匀地分布在画面上。整幅画似乎在向人们叙述着中世纪中国的狩猎文化。银器中最令人赞叹的是一个鎏金舞马衔杯纹皮囊式壶，壶身通高14.8厘米、口径2.3厘米、腹部长径11.1厘米、短径9厘米、底足长径8.9厘米、短径7.2厘米，重549克。壶的舞马、弓形提梁、壶口盖、同心结皆鎏金，盖用银链同壶身系连。银壶本身造型优美，通体抛光，工艺精湛，再加上两面鎏金的舞马衔杯图案，骏马的头部系戴绸带结成的大花和飘带，随着马的舞姿而飘动，而且壶体的两面，舞马的姿态有所差别，形象生动地反映了大唐赛马的一斑。据载，唐玄宗每年在生日（八月五日）的这一天，都会在兴庆宫勤政务本楼举行盛大的庆典，接受群臣的祝贺，并举办生日宴会。训练有素的盛装舞马表演也是一项重要的祝寿活动。当时的一位宰相张说曾作有《舞马千秋万岁乐府词》，其中有"更有衔杯终宴曲，垂头掉尾醉如泥"的诗句，意为：在庆典中更加精彩的是口衔金杯伴随着音乐而舞蹈的盛装马舞，那些舞马最终好像也受气氛感染而如痴如醉。诗句所描绘的场景正与银壶上的舞马衔杯图相符。还有鎏金双狮纹银碗、鎏金花鸟纹银碗、鎏金双狐纹双桃连体形银盘、鎏金凤鸟纹六曲银盘等，都是美轮美奂的珍宝。

然而这批珍宝的主人是谁？为何埋藏地下，何时埋藏的？目前学术界存在不同的意见。首先，由于用钻探的考古方法探知何家村在唐朝长安城的兴化坊遗址之上，兴化坊为唐邠王王府所在地，两瓮罐当在邠王府遗址出土的，因此有学者认为何家村遗宝的主人就是唐邠王李守礼。埋藏的年代在盛唐的后期，约公元8世纪末。持这种意见的学者并没有提出比较充分的埋藏理由。第二种意见认为虽然遗宝出土于兴化坊，唐邠王府及其住宅也确实在兴化坊，可是兴化坊并非全属于邠王，还有其他达官贵人，准确地说，遗宝并不在邠王府及其住宅的遗址出土，因此遗宝的主人是当时的一位达官贵人，究竟是谁，还有待于进一步获得更丰富的考古材料、更深入的研究，才能最后解决。埋藏的年代应该在唐德宗（780~805）时代。持此见解的学者也没有提出比较充分的埋藏理由。

第三种观点倒是提出了充分的埋藏理由，那就是因为突发的泾原兵变。唐德宗时，淮西节度使李希烈叛乱，783年调泾原（今甘肃泾川北）兵东征。5000名东征将士到达长安时正遇大雨，却没有得到朝廷应有的犒赏。饥寒交迫的将士哗变入长安城。德宗命令长安禁军镇压，却无人响应。无奈之下，德宗出逃至奉天（今陕西乾县）。哗变的将士拥立朱泚为大秦皇帝，朱泚率军杀死李氏宗亲70余人，又包围乾县一个多月。后来这支叛军虽然为李怀光和李晟率军镇压平息，但突如其来的兵变对都城长安的震动非常巨大。因此就有达官贵人将积聚的财宝埋入地下，入埋的时间就是783年。持此种见解的学者认为何家村遗宝准确的出土地点是当时的租庸调使（主管赋税的官员）刘震的住宅遗址，因此遗宝并非个人财产，而是收缴上来的赋税及官府的财宝，因突发事件而来不及上交朝廷，只能作埋藏处理。这种意见虽然理由最为充足，银铤、银饼及钱币也可以认为是收缴的典型税，但是具有皇家气派的其他珍宝究竟属于哪个官府的呢？收缴的财宝能积聚到数百件而不上交朝廷吗？还是存在一定的迷惑。

四川石达开宝藏之谜

翼王石达开是太平天国最富传奇色彩的人物之一。他生于1831年，广西贵县客家人。自幼好学，少年时就有侠士风范，史式在《石达开传略》中写道："（石达开）自持门户，勤读书，娴武事，力耕作，并货殖。为侠仁气，排难解纷，遂为乡里所重。时万方多难，达开既愤清廷之无道，竟不赴试。有洪秀全、冯云山者慕其名，星夜访之，约举大事。达开欣然允诺，毁家纾难，聚义金田。"

石达开16岁"被访出山"，19岁统率千军万马，20岁封王。太平天国运动后期，太平天国祸起萧墙而内乱不息，北王韦昌辉竟然屠杀了领兵在外且战功赫赫的翼王石达开的家人。

石达开为复家仇而杀死了韦昌辉，却也因此开罪于洪秀全，遭到了洪秀全的猜疑与忌恨，最后石达开被迫率领本部军马十多万人负气出走，太平军从此分裂。石达开出南京后，被曾国藩的十几万清军一路穷追猛打，渐渐进入死角，终于停步在大渡河畔，前有大渡天堑，后有追兵，进退无路，陷入绝境。石达开意图"舍命以全三军"，赴清营谈判，在成都遇害，年仅32岁。从此，大渡河成了太平军石达开的悲剧之地，在中国历史上留下了相当悲惨且遗憾的一页。

石达开率军出走时曾带走了大批金银财宝，并在大渡河战败前夕，把军中巨额金银隐匿，这笔巨额财富随着石达开的死没有了消息。传闻中石达开当时还留有一张宝藏示意图，图上写有"面水靠山，宝藏其间"的八字隐语，只是这隐语至今无人可破。石达开藏宝数额巨大，已经成为中外军事史上五大藏宝之谜之一。那么宝藏究竟藏在哪里呢？这个谜能否揭开呢？

一、山王坪藏宝之谜

近年来，有传闻说石达开的宝藏在重庆市南充县山王坪，说得有理有据，说宝藏以"太平山"为标记。"太平山"并不是山，是石达开在藏宝后，命部下在藏宝地旁边的悬崖壁上凿出的三个大字。至今，山王坪的老百姓中间一直都流传着这样一种说法，只要找到了"太平山"便能找到石达开的藏宝洞。

△ 石达开雕像

为什么说藏宝地在山王坪呢？这要从石达开的"爱妃墓"说起，这个爱妃原是石达开的贴身卫士，武艺超群，几次遇险舍身救主，深受宠信，后被封为妃，随翼王鞍前马后，转战南北。1861年夏，石达开率军入川，到了一个县城外，知县大人闻讯后，慌忙命令士兵团练迎敌，可惜知县和临时被拉去练兵的人都不熟悉军事，所以士兵防备松懈，军纪涣散。

妃子主动请缨，带领数十个手下，化装成走江湖的卖艺人，在赶集的日子，混杂于进场的人流中。她走街串巷，探得虚实，便示意随从，准备突袭。妃子一拳将巡街清兵打倒在地，拖至无人处，脱其衣帽穿戴在自己身上，假称探得消息，入营报告，说太平军已经攻进了城里。知县正手挥纸扇与一管带夸夸其谈，说贼军不敢前来送死，闻报后还装模作样，呵斥其虚妄，厉声责问："贼人在哪里？"妃子马上答道："我就是!"便疾冲上前，一剑封喉，将知县刺死。

城外大队人马也在此时汹涌杀入，清军虽然号称万人，但是未及正式交锋便惊慌逃窜或自相践踏，不少人纷纷逃向城外。妃子率先追赶到县城墙外，不幸被城上大炮击中，鲜血染红了黄披风。主将落马，太平军已无意攻城，还未将妃子掩埋，不想城内趁势主动出击，太平军奋然又起，将出城的清兵全部歼灭。

　　不久后，石达开亲率十余万大军又兵临城下，屯兵于城北门外的山上，声势浩大。要拿下眼下这座小小的县城，简直易如反掌，可是翼王却一直按兵不动，令人费解。原来是爱妃夜里托梦于石达开，诉说别后之思："兵荒马乱，孤魂遍野。天意于我，现在城南郊外，尸骨未寒，望其收尸择安谧之处葬身。"还劝翼王："别再攻城，让这方百姓安居乐业。望王爷保重，臣妾告退。"说毕向东飘然而去……

　　石达开天明起身，传令部下去南城外遍寻上次战死将士的遗骸，挖出另行厚葬。城外百姓因太平军对他们秋毫无犯，主动指引部将找到了妃子的尸体。石达开悲痛万分，准备找个隐秘的地方将爱妃埋葬起来。

　　经过细心、周密的考察，石达开最终选择的地方在铁厂坪东北面。铁厂坪位于山王坪东南部的中心地带，是山王坪的一个独立的高山平地。该平坝的东、西、北三面都被山地环抱，西面为一向下的陡坡，四周都被浓密的原始森林所覆盖，唯独这块平坝上未长树木而是一片草地，且地形结构极为奇特，形状极似一把"太师椅"，弧形椅背由整块龙骨石组成，椅座平坦，修建一个简单的墓穴不成问题。"太师椅"近处是一片怪石和奇花异草组成的秀美景色。石达开见此景立即决定将爱妃秘葬于此。为了不被清兵发现后掘墓，在爱妃墓前矗立一"无字碑"。

　　石达开不仅考察了这块墓地，还到离墓地正对的一个小山丘看过，站在那个小山丘上，仔细看去会发现正面的大山形似一半卧半坐的大佛，还有一头石狮站立在山丘边上，石狮威武雄壮；继续向山顶望去，发现山顶巨石居然貌似一匹双峰骆驼，石骆驼好像正要出发，似乎已经做好了长途跋涉的准备，从侧面看，石骆驼的侧影又与一头大象极为相似。

　　事实上，在看到墓地和山丘的奇异之处时，石达开心中就已定下了埋藏宝藏的地点，就是小山丘下。为什么石达开对这块埋宝地情有独钟呢？原来，石达开对风水学说极为信奉，还有点心得。按照风水学说来看墓地的话，"太师椅"是当时达官贵人们所常用的坐椅，将爱妃葬于"太师椅"上与其身份极为相称。坚硬的龙骨石形成的椅背表示坚强后盾，正前方的广阔视野象征有广阔天地，近的秀美景色意指"锦绣前程"，远处的大山隐喻

"江山在望"，"大佛"更是隐喻着菩萨保佑。并且在他看来，山丘上的雄狮象征他即将带领出山的队伍为雄壮之师；骆驼代表不畏艰险，吃苦耐劳；大象是力量的象征。一切的一切都预示着平安和吉祥，将爱妃葬于此地便占有了这片"风水宝地"；再将宝藏埋在山丘下，更是巧妙地将这个地点的吉祥占尽了，必会前程无忧。

△ 太平天国铜钱

然而，"智者千虑，终有一失"，石达开忽略了一个重大环节，就是在"爱妃墓"前有一道高约五六米的石坎。按照风水学说的说法，这道"坎"将前方那大片的风水隔断了，要想得到这片风水必先设法跨越此"坎"（此"坎"即是石达开大渡河一役）。遗憾的是，石达开终于没能跨越这个"坎"，最后兵败大渡河，造成全军覆灭。

言归正传，石达开带领士兵将宝藏埋藏完毕后，为了今后能辨认出藏宝地点，令人在石狮旁边的悬崖壁上深深地凿出"太平山"三个大字。目前传闻中的"太平山"已经现身，附近也有石砌的痕迹，可以看出是人工的，只是传说中的财宝一直没有踪影。山王坪真的是石达开的藏宝之处吗？

二、刘湘挖宝始末

从当时的情形来推断，即使石达开真的在山王坪葬了爱妃，也未必在那里埋了多少财宝，因为山王坪仅是太平军路过、休整之地，没有理由把全部或大部分宝藏都留在那里。这一点，抗战时期国民党四川省主席刘湘也想到了。

刘湘（1890—1938），字甫澄，四川大邑人。1910年入四川陆军讲武堂。1920年升任川军总司令兼四川省长。1928年任四川省政府委员兼川康裁编军队委员会主任委员。1935~1937年蒋介石、刘湘争夺四川的统治权。1937年，蒋介石令其率川军开赴华东抗日前线。1938年年初，与韩复榘密谋阻止蒋军入川，事泄。1月23日胃溃疡复发，再加上忧郁、焦虑，死于汉口。

刘湘深信石达开埋宝是在深陷大渡河之时，翼王当时眼见走投无路，不得不给宝藏找个去处。他很肯定的认为宝藏埋藏在紫打地高升店后山坡下。紫打地位于四川省石棉县境内，新中国成立后改名为安顺场，地势险要，石达开正是在紫打地全军覆灭。

打石达开宝藏主意的人很多，只是刘湘财大气粗，所以动起手来很方便。大概在1937年左右，刘湘秘密调了1万多名士兵前去紫打地挖掘，士兵们从山壁凿入，豁然见到3个洞穴，每穴门均砌石条，以三合土封固。

挖开前两面穴后，里面仅有零星的金玉和残缺兵器。当开始挖掘第三大穴时，被蒋介石得知，蒋迅速派古生物兼人类学家马长肃博士率领"川康边区古生物考察团"前去干涉，并由"故宫古物保护委员会"等电告禁止挖掘。

不久，刘湘即奉命率部出川抗日，挖宝之事至此便不了了之。后来有研究人员赴现场考察，结果认为该三大洞穴所在地区和修筑程度，不像是太平军被困时仓促所建。

新中国成立后，也有许多人前往石棉县安顺场寻宝，只是此类民间行为既无财力支持又缺乏理论根据，一无所获也在意料之中。

刘湘的推断应该是符合常理的，但是在安顺场没有发现宝藏，至于山王坪，仅发现了"太平山"和"爱妃墓"，宝藏依旧不见踪影。至今，人们甚至不知道"面水靠山，宝藏其间"指的是什么地方，有什么含义。

也有史学专家认为太平军当时的境况根本不可能有大量的金银财宝，完全是在弹尽粮绝的状况下才全军覆灭的。石达开到底有没有埋下宝藏，有的话究竟埋在哪里，这个谜会被揭开还是最终掩埋在历史长河中？我们不得而知。

李自成败退京城时将财宝藏在了何处

明末农民军首领李自成兵败退出北京城的时候，曾经将国库中的金银财宝掠夺一空，意图日后东山再起。其部将野拂用了九艘大船来转移家当，其数量之巨，可想而知。据说，野拂在临死前，将这些宝藏分散埋藏在了几座隐秘的山中。数百年来，在巨大利益的诱惑下，不知有多少人进山寻宝，但是都空手而归。这些财宝究竟被藏在哪里，已成了难解之谜

湖南南部边陲莽山脚下的天塘村，是一个保持着两百年前历史风貌的古老村落，在这座神秘的村庄里，几百年来，一直口口相传着一句充满玄机的秘诀："石岩冲，三座桥，慢行百步走，三窑金。"据说，只要能破解这句秘诀当中所藏玄机，就能得到一笔巨额的财富。而这笔财富，则正是明末农民起义军领袖李自成兵败后，带到莽山的"九驴十八担"金银珠宝。

从古至今，这句神秘的口诀引诱着无数人前来寻宝。20世纪70年代末期，正是莽山寻宝行动的最高峰，为了得到这笔诱人的宝藏，天塘村里的5个男丁在一个月黑风高的晚上秘密结下了盟约，他们面对祖先灵位发下重誓，无论谁先发现了宝藏，都要有福同享、有难同当。他们将很多地方都挖过了，但没有什么发现。没过多久，恐怖降临了，寻宝的村民居然一病不起，不久便有人离开了人世。传言，他们是遭到了守护宝藏的亡灵的死亡诅咒。村民死后，恐怖并没有因此而结束，有人在晚上看到了令人不寒而栗的一幕：据说，村里好多人都看见过一个披头散发的人影，晚上山上有一团火飘来飘去，像鬼火一样，村里的小孩子都吓得不敢出来。

披着长发的诡异身影，令人毛骨悚然的无名鬼火，这一切似乎在预示着将有什么事情发生，参与了这次寻宝的村民们惶恐不安，但细心的村民却发现，村庄后面的大山里，有几个土堆被挖动了，旁边还散落着一些陶器和瓷

器的碎片。

原来，村里出现的鬼影是盗墓贼在装神弄鬼，掩人耳目，但奇怪的是，很多有价值的文物都被盗墓贼随便丢弃掉了，这些迹象很不符合常理，那么这伙盗墓贼究竟是在寻找什么东西呢？这件事情很快引起了天塘村一位叫谭相吉老人的注意，他仔细查看了被盗墓贼丢弃的文物后，做出了大胆的推测，这伙盗墓贼一定是在寻找传说中李自成留下的"九驴十八担"财宝。莽山周边地区的许多地名，如奉天坪、永昌村、米脂坳、马鞍山等，都似乎与李自成的封号以及他老家地名息息相关，另外，《宜章县志》中还有与李自成相关的只言片语，如"顺治六年正月，闯贼余党一支虎，败遁过郴，杀戮甚惨"等。

既然李自成的部队确实到过莽山，那么有关李自成藏宝的传说又是否成立呢？如果成立的话，那批传说中的巨额财宝又到底埋在哪个地方呢？随着时间的推移，在莽山林区内，村民找到了一个名叫"皇藏岩"的山洞，这也成为了破解李自成宝藏的契机。

村民发现的这个岩洞，洞口非常隐蔽，洞内怪石嶙峋，青烟缭绕，寒气逼人，在洞口的一个平台处，留有一层防潮的三合土沙层。很显然，这里应该有人活动过，根据这个充满皇家风范的洞名，传说中李自成所带的宝藏，应该就藏在这个岩洞之中，但经过仔细发掘后，结果却完全出乎人们的意料——除了一些铜钱外，没有别的宝藏。

难道说有关李自成所携带的"九驴十八担"金银珠宝的传说只是一个以讹传讹的结果，又或者说这批数目巨大的宝藏仍旧还藏在一个鲜为人知的隐蔽之地？

就在寻宝渐入绝境的时候，突然有了一个新的发现，在与莽山相距近80里外的白沙圩乡，村民们找到了一块刻有李闯王之墓的石碑。石碑高约2.5尺，宽1尺，厚约0.5尺，碑文为阴刻。这就更加证明了李自成的归宿是在莽山。

李闯王墓碑的发现，虽然对于宝藏的发掘并没有起到直接的帮助，但人们认为或许是为寻找那批传说中的宝藏指明了一个新的方向，藏宝的地点并没有在李自成军队曾经活动的莽山核心区，而是在其相反的方向。

经过逆方向寻找，终于又有了惊喜的发现，在路边的山坡边上，有一堵人为垒砌的石墙，仔细观察可以发现，这并非一项简单的工程。难道那传说中的宝藏就埋在这石墙的里面？如果不是宝藏的埋藏地点，那么，在这深山老林，人迹罕至的地方又为什么要兴建一个如此浩大工程呢？

一般老百姓是不会搞这个工程，因为它长有一百多米，宽有十多米，有三层。经过考证，在距离这石墙不到一公里的地方，原本有一个巨大的山洞，名叫溶

△ 皇藏岩

家洞。溶家洞处于莽山的背面，岩洞面积非常大，有一个水洞一个旱洞，据说可以藏一万多人。当地村民一直盛传，被清军连续追杀而穷途末路的李自成就曾躲进洞中。但由于山体遭受雷击，溶家洞的洞口被掩埋。

为了探寻李自成那巨额的宝藏，很多人先后投入溶家洞的发掘当中。但至今仍没有人找到传说中的宝藏。

李自成最终到底魂归何处？他传说中的宝藏又藏于何方？在历史遗留的蛛丝马迹中，人们不断地探寻着，试图揭开那些动人传说的神秘面纱……

西汉时期巨额黄金的下落

中国在春秋战国时期已开发金砂。当时主要在汉水、汝河和金沙江等河流的砂矿中开采。春秋后期，黄金作为货币，开始进入流通领域。战国时，黄金流通十分普遍。到了秦汉，法律正式规定黄金作为货币。汉代，黄金用于大宗交易。黄金被铸成块、链、饼等形状，使用前称重量、定成色。西汉黄金论斤计量，一斤黄金抵铜钱一万枚。黄金除用作价值尺度外，最主要用于国家和私人贮藏财富，同时用于赏赐、馈赠和制作首饰、器皿。

△ 西汉黄金货币

秦汉时，黄金充足，皇族和达官贵人挥金如土。汉王刘邦同项羽争夺天下，一次就交给谋士陈平黄金四万斤，用作离间楚国君臣，瓦解楚军的费用。西汉诸帝赏赐功臣和有功将士的黄金动辄就是千斤、万斤，乃至几十万斤。汉武帝因大将军卫青率兵大破匈奴有功，一次赏全军将士黄金二十多万斤。王莽聘史氏女为皇后，聘金达三万斤。王莽垮台时，他府中存金六十多万斤。黄金不断从国库中流入私囊。当时私人拥有的黄金数额惊人。文帝之子梁孝王死后，留下黄金四十万斤。一般的贵族也藏有许多黄金，可谓黄金泛滥。

但是，西汉的这些巨额黄金，到了东汉却骤然不见了，它退出了流通领域，成为难得之货，流通中用的是布帛和粟米，朝廷赏赐主要也用布帛。东、西汉两朝用金数量相差极大，后人都想弄清楚西汉巨额黄金的下落。于是，人们提出了各种猜测和解说。学者唐任伍先生经过详细研究，提出西汉黄金的两种去向：一部分是制成器物的黄金，随葬于地下，或因其他原因而遗于地下；另一部分是制成货币的黄金，窖藏于地下。这是西汉黄金的主要去向。这部分黄金遗落在富商大贾和各级官吏的藏宝地。这笔巨额黄金的窖藏者，有些大商贾遭法办而被处死，有些官吏在西汉末年的战乱中，死于乱军之中，有些携家弃户，在逃命途中被杀死，窖藏黄金也因而不知所在。

△ 西汉黄金香炉

天圣铜人失踪之谜

对于大多数人来说，"天圣铜人"这个名字是陌生的。究竟什么是"天圣铜人"呢？天圣铜人，是北宋仁宗天圣年间（1023~1032），由时任太医署医官的王唯一所创制的一尊全身布满针灸穴位的铜质人体模型。它是一件国宝级文物，因为铸造于天圣年间，故被后人称为天圣铜人。又因为铜人身上布满了针灸穴位，又被人称为天圣针灸铜人。这尊铜人的身高与真人差不多，它身上的每个穴位名称都是用"错金法"镌刻的。在铜人身上除了标注有几百个穴位外，还在每个穴位的准确位置处钻有仅仅能容下一根银针的小孔。在铜人的胸腔和腹腔内，还悬挂、配置着五脏六腑的模型。更为绝妙的是，铜人的表面涂有一层蜡，体腔内灌注有水或水银，当你用针刺入穴位时，就会流出水或水银来。铜人的出现，使当时几乎失传的古针灸术得到了继承和发扬，对推动我国针灸医术的普及和发展起到了划时代的作用。这尊铜人面世以后，王唯一又铸造了另一尊同样的铜人，安置在大相国寺的仁济殿。然而好的东西大多为人所觊觎，自古便是如此。天圣

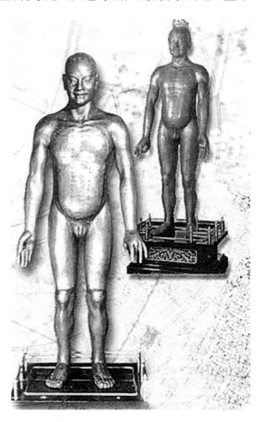

△ 天圣铜人

铜人自出世以后，便开始了颠沛流离的生活，也由此而演绎了一桩桩神秘的事件，一段段旷古的传奇，令后人感慨不已，欷歔不已。

话说针灸铜人铸成的消息不胫而走，引起了金人的高度重视，他们千方百计地要得到它。宋廷得到密报后，加强了对针灸铜人的保护，专门派兵值守，使金人一直无法下手。到了北宋末年，金人再次派遣武功高手潜入东京，他们把目标锁定在大相国寺铜人的身上。

1126年正月，金帅宗望率兵攻打东京，城防吃紧。金国盗宝之人乘机将大相国寺的天圣铜人偷走。但是由于铜人又大又重，一时运不出去，只好把它暂时藏起来。他们鬼鬼祟祟的行动，引起了大相国寺监院法定的注意。法定尾随其后，终于发现了他们的秘密。于是便和手下人一起，将这尊价值连城的国宝转移到了一间密室内。当金国盗宝之人再次回到大相国寺时，却发现铜人已经不翼而飞。他们大惊失色，只好与大相国寺的监院法定等协商，准备以重金购回。法定虽是僧人，也有爱国之心，他拒绝了金人的诱惑。到了11月，东京城破，法定等人惨遭杀害。从此以后，相国寺的这尊铜人再也没有了下落。

再说皇宫太医署的那尊铜人。11月25日，金兵占领了东京外城，逼迫宋廷投降。次年正月，金兵又向宋廷索取文物、珍宝及各类礼、祭重器，其中就包括天圣铜人在内。据说，这些物品运到燕京共二千五百车。但其中是否有天圣铜人，却不得而知。但是对于这尊铜人，还有另外一种说法。有人说，早在金兵攻城之初，便有大臣把它带出了皇宫，然后，踏上了颠沛流离的逃难之路。

1127年，康王赵构即皇帝位后，有人在湖北襄阳发现了天圣铜人的踪迹。后来，这尊铜人被章叔恭所得。再后来，铜人归于襄阳知府赵方。等到局势稳定以后，赵方的儿子赵南仲便把它献给了高宗。国宝终于又回到了宫中。1232年，蒙古国派使者到临安，逼要天圣铜人。这样，天圣铜人又归于蒙古国。1260年，忽必烈亲自召见尼泊尔工匠阿尼哥。4年后，修复后的铜人被置于元大都的三皇庙内。在它的身后，是石刻的《铜人腧穴针灸图经》。

到了1443年，栉风沐雨的铜人已显破旧，明英宗决定重铸，并重刻了

《新铸铜人腧穴针灸图经》石碑。铜人铸好后，置于太医院的药王庙，被人称为"明正统铜人"。至于原来的铜人是否还在原处，史书无载。

1900年，八国联军攻入北京，这尊铜人被人抢去。从此以后，在中国，再也没有了天圣铜人的踪迹。

1925年，一位老中医在日本发现了一尊针灸铜人。据说，它来自中国。由于后来中日间的战争关系，这件事未能引起人们的注意。30年后，有人又在日本东京的博物馆中看到了它。这件事引起中国的中医界轰动。从外观上看，这尊铜人高1.62米，身上用黑线画出了经络，在每个穴位处钻有小孔，共有365个。铜人的体内还有木制的脏腑。他们初步确定，它就是天圣铜人。但是，它到底是两尊天圣铜人中的哪一尊？它是怎么来到日本的呢？有国内专家经过考证指出，这尊铜人是在1126年金兵攻入东京开封以后，被金人抢走的。后来，又辗转到了朝鲜、日本。而在日本国内，也有类似的说法。他们说，1590年丰臣秀吉统一日本，两年后，日本人攻占了朝鲜。随后，他们得到了这尊铜人，并把它带到了日本。但是有专家在仔细回想以后，提出了可疑之处：这尊铜人的外部特征与宋代的造像不一样。对此，日本人也产生了怀疑。最后，人们从日本江户时代的一位医官山崎次善的墓志铭中找到了答案：它就是山崎次善亲手制作的。

时光辗转到了1958年，有人在苏联的列宁格勒发现了又一尊针灸铜人。从外形上看，这尊铜人和收藏在中国历史博物馆的"光绪铜人"极其相似。而据说，光绪铜人又是仿照明正统铜人铸造的；那么，这尊铜人很有可能就是天圣铜人。于是在2003年时，有关专家等3人赴俄罗斯考察。他们见到的铜人和光绪铜人大相径庭。这尊铜人身高1.75米，有头发、有发冠，系有短裙和腰带，呈站立姿势，两手垂下，掌心向前。再仔细观看，它的服饰完全是宋代风格；身上的穴位标注，有的已经消失；并且，在它的颈部，有一道修补过的痕迹。所有这一切，和《清太医院针灸铜人考略》中的记载完全吻合。这充分说明，它就是1900年被抢走的那尊明正统铜人，更能说明问题的是，他们发现在"通天"穴的标注中，那个"通"字，明显地缺了一笔，这是宋人为了避皇家之讳而有意所为。

　　2004年，在向俄政府索要明正统铜人未果的情况下，我国决定按照明正统铜人的模样重铸一尊。这尊铜人，不仅在外形上与明正统铜人完全一样，而且，还解决了"针人汞出"这个铸造上的难题。

　　在此之前，我国国内有两尊针灸铜人：一尊在北京中国历史博物馆，一尊在开封大相国寺。在历史博物馆的那一尊，就是光绪铜人。而大相国寺的那一尊，据说是在1956年，按照光绪铜人仿制的。但是，已经对照宋代的针灸图进行了改进。然而我们关心的是：真正的天圣铜人还能不能找到？目前，唯一的希望就在开封。

　　既然专家们认为收藏在俄罗斯的那尊铜人是明正统铜人。而且它的原形极有可能被毁，因此，真正的天圣铜人就只剩下了原存于宋太医署的那一尊。而这尊铜人，虽然史书上记载是金人向徽、钦二帝索要的重要器物，但它是否被金人得到，却一直都没有答案。据宋人邵博的《邵氏闻见后录》记载："宣和殿聚殷周鼎钟尊爵等数千百种。国破，虏尽取禁中物，其中不禁劳苦，半投之南壁池中。"这其中，极有可能就包括天圣铜人。因为，如果金人已经得到了铜人，那么，在金史中、或后来的著作中是应该有记载的。况且，金被蒙古军队所灭后，如果天圣铜人为蒙古所得，那么，蒙古国也就不必再向南宋索要铜人了。由此可以得知，北宋太医署的那尊铜人，谁也不曾得到，它可能就在开封龙亭湖的水底。这是天圣铜人依然存世的唯一希望，也是世人将来得到天圣铜人的唯一希望。

　　也许，在将来的某一天，这尊铜人会被从龙亭湖底发掘出来。那就正好实现了宋人邵博的预言："后世三代彝器，当出于大梁之墟云。"我们盼望着这一天。

昭陵六骏碎身之谜

　　在西安唐太宗的昭陵中，有六块造型不同的战马石碑总是吸引着最多人的眼光和闪光灯的"关照"，这便是天下闻名的"昭陵六骏"。石碑上雕刻着唐太宗李世民曾经骑过的6匹战马。但这六块石碑的表面却布满了一道道的裂痕，像敲碎了一样，坏得很严重，究竟这六块石碑经历过怎样的身世呢？为什么碑石上会有如此多的裂痕呢？

　　西安有句话说得好："南方的才子北方的将，陕西的黄土埋皇上。"作为中国历史上建都时间最长的城市，这里埋葬了众多的帝王将相，流传着诸多的英雄史诗。而在这些众多的君主中，唐太宗李世民无疑是最受人们尊敬的一位帝王，他在位23年，开创了政治清明、社会安定、经济发展、文化兴盛的"贞观之治"，可以说在中国历史上，唐太宗李世民是一个独一无二的伟大的皇帝，他所受到的赞誉在众多帝王中是少有的，或者说是独一无二的。

　　在称帝之后，唐太宗实行了一系列休养生息的政策，使得唐朝逐渐富强起来。这里体现了唐太宗作为政治家的本色，但我们也不应忘记唐太宗的超群的军事才能。唐朝的江山几乎可以说是由太宗打下来的，李世民本人似乎也希望后人能记住自己的军事才能，但如何能不露痕迹地留下自己的功绩呢，嗜马如命的李世民在自己的战马身上找到最佳的契合点。

　　唐太宗很有一套驾驭良马的本领，并且精通骑兵战术。在唐朝初年的统一战争中，总能看到他率领骑兵一马当先突破敌阵的英姿。在战争中，总共有6匹战马是最受李世民所喜爱的，他骑着这6匹战马南征北战，这些战马也为李世民的最终胜利立下了汗马功劳。为了纪念这6匹战马，同时也希望借这6匹骏马来显示自己的军事才能，所以唐太宗在贞观十年十一月埋葬长孙皇后之后便诏令将6匹骏马刻石列置于昭陵北麓祭坛内。同时也为这6匹骏马起了6个漂亮的名字，分别是：白蹄乌、青骓、特勒骠、飒露紫、什伐赤、拳毛䯄。六骏的雕像据说是唐初著名的画家阎立本所绘制，唐太宗根据图画来写赞语，来讲述每匹战马的不同

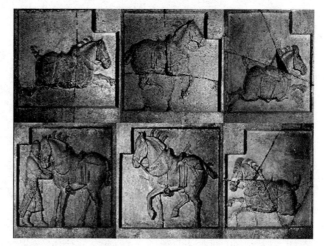

△ 昭陵六骏碎身

功绩。写完之后，再请工匠们根据原画进行雕刻。石雕每块高1.71米，宽2.05米，厚0.3米。工匠采用圆雕和浮雕相结合的方式完成。造型粗犷，雄健有力，神态生动，质感强烈。六骏的形象各不相同，有的原地待步，有的腾空飞跃，有的如将上战场，而有的又似刚刚厮杀完毕，各种形态栩栩如生。可以说昭陵六骏代表了唐朝初年雕刻艺术的最高成就，它打破了北朝之后从佛像雕刻中所承袭的呆板和俗气，为中国的石刻艺术吹进了一股清风。

但令人痛心的是，这6块稀世珍宝却在20世纪遭到毁灭性地破坏，并且有的甚至流落海外。1914年飒露紫和另一匹骏马刻石被盗运国外，流落在美国费城宾夕法尼亚大学博物馆。其余四骏在盗运中被发现，盗贼未能得逞。但在盗运过程中由于石刻过于庞大，盗贼为了方便运输和装箱，于是将六骏刻石都打成数块，这就是为什么在现有的6匹马的身上都有裂痕的缘故。历经沧桑的六骏图，现在西安碑林中找到了自己的归宿，同时向人们讲述唐太宗所具有的非凡的军事才能，展现这位千古一帝的风采。

四羊方尊传奇

湖南省宁乡县黄村月山铺转耳仑山的轮廓很像一个巨大的人耳，也许这就是转耳仑山名字的来历。1938年，宁乡县黄材镇龙泉村村民姜景舒就是在这座山的山腰上发现了四羊方尊。那年春天，姜景舒和两个兄弟来到这里干农活，突然他的锄头碰到了一块硬物。当时这四面都是山，地面已经裸露着石灰岩，泥土很薄，姜景舒还以为锄到了石头，就想把它清除，可一用力，就听到"哐"的一声，土里溅出一块锈铜片。他们连忙停下手里的活，把土里的东西挖了出来，竟是一个黑漆漆、硬邦邦的东西，里面还装满了黑色的泥土。姜景舒称了称，这个大东西有64斤重。天黑后，他们把这个大东西抬回了家。

这件事很快传了出去，附近的人都说姜景舒挖到了宝贝，并纷纷来参观，在忙乱过程中，方尊的一个羊头上掉了一个细小的尖角，一直没有找回来。后来，这件事让黄材镇的古董商张万利知道了，他用400块大洋买下了这件宝贝。但是，经过当地保长、甲长和乡绅的层层盘剥，这笔钱到了姜景舒手里只剩下248块了。姜景舒用这些钱买了9担稻谷、两块地、一处山，缓解了一家人的穷苦生活。在把四羊方尊卖给古董商的时候，姜景舒还特意留下了那块一开始被他砸掉的碎片。1976年，他将残片交给了国家，宁乡县文管所负责人周佑其给他打了收条，县里奖励了他一支钢笔、一个口杯，还有10元钱，以示表彰。

过了一段时间，收购四羊方尊的古董商内部利益分配不均，起了纠纷，一个姓杨的人向长沙县政府告发了此事，四羊方尊就被长沙县政府没收了，交由湖南省银行收藏保管。

抗日战争时期，湖南省银行为避战乱，西迁到了湖南西部的沅陵县。但

△ 四羊方尊

是，在日军对沅陵县城的一次疯狂轰炸中，湖南省银行不幸被敌机命中——四羊方尊在炮火中被炸成了20多块。1950年新中国成立后，国务院文化部下令寻找四羊方尊。经苦苦搜索，1952年，湖南省文管会专家蔡季襄先生终于在中国人民银行湖南省分行的仓库中，找到了四羊方尊的碎片，其修复任务落在了湖南省文管会的张欣如身上。

张欣如接手时，四羊方尊已经经过了初步修复，但是很粗糙，与原物之间差距很大。为尽量复原方尊表面的花纹，张欣如每次都要十分小心的清洗碎片，然后用烙铁进行焊接。这项工作进行了两个多月才完成，修复好的四羊方尊身上看不出一点破损的痕迹。过了一段时间，四羊方尊就一直放在湖南分行的库房中，1956年湖南省博物馆建成，四羊方尊才交由湖南省博物馆收藏、陈列。到1959年新中国成立10周年的时候，四羊方尊又来到了国家博物馆，此后就一直作为镇馆之宝珍藏在国家博物馆。

　　四羊方尊是我国现存商代青铜器中最大的方尊，它高58.3厘米，重34.5公斤，器身方形，口沿外敞，呈喇叭状张开，腹部鼓起，方形圈足。整个器物漆黑发亮，四边上装饰有蕉叶纹、夔纹、兽面纹，肩部有四条立体龙纹盘绕其上，龙头突出于四边的中间。此尊最精巧的部分是四只卷角羊头，羊头与羊颈伸出器外，尊腹即为羊的前胸，羊腿附着在高圈足上，羊的背部和胸部饰有鳞纹，腿部饰有凤鸟纹，圈足则饰有夔龙纹、云雷纹。整个器物的纹饰线条刚劲光洁，造型新奇别致，寓动于静，并且将平面图像与立体雕塑相结合，使器物与动物形状相依托，将绵羊宁静温柔的性格特征刻画得栩栩如生、恰到好处。特别是四羊方尊的尊口很大，接近器身的高度，而在尊的四角设计四只脚踏实地的绵羊，就使整个器物变得稳重，没有了头重脚轻的感觉，并增加了威严的气势，不愧为尊中之王。

　　四羊方尊中的"尊"字说明了它的用途是一种盛酒器，常与"彝"一起作为成组的青铜礼器。这类器物主要流行于商周时期，一般为圆形、鼓腹，也有少数方形尊（如四羊方尊）。尊的基本造型是敞口、高颈，圆腹或方腹，圈足较高。青铜尊的铸造盛期在商代晚期至西周早期，主要是方形尊和觚式尊，它们都饰有凸起的棱脊，并在器身雕满了繁复的云雷纹、兽面纹、蕉叶纹，整个器物给人以雄浑厚重之感。在商周时期，祭祀是人们日常生活中的一项重要内容，他们的祭祀活动非常隆重，而且每次祭祀完毕后都会开怀畅饮。所以，很多酒具也就成了祭祀用具，尊就是由开始的盛酒器慢慢发展成了祭祀用的礼器。

　　如今，我国的节日饮酒之风大抵也来源于此，酒也成为我国传统文化中的重要内容，围绕酒的发明，还有"仪狄造酒"和"杜康造酒"的不同传说。据《战国策》记载："昔者，帝女令仪狄作酒而美，进之禹，禹饮而甘之，遂疏仪狄而绝旨酒。"这其中就提到"仪狄作酒"，但不知是不是他发明的。另一种说法是根据《说文解字》中所写："古者少康初作箕帚，秫酒。少康，杜康也。"认为，最早造酒的是杜康，这种观点为民间普遍接受。

　　尊成为一种祭祀礼器，就为其蒙上了一层神秘的色彩。而把羊的形象融入尊的制作，在我国古代文化中更是具有特殊的意义。在出土的商周青铜器中，有很多是把羊作为表现对象的，它在祭祀礼仪中的地位仅次于牛。商王武丁时期的一条有关商王室对武丁祭祀的材料中提到"卜用百犬、百羊"，另一条材料中提到"十五羊"、"五十羊"，可见羊在祭祀中被大量使用。在人们的印象中，羊一直是善良知礼、外柔内刚的形象；羊"跪乳"的习性，更是成为后世孝敬父母的典范。中国古代一种独角怪兽獬豸也被认为与羊有关，怪兽只有一只角，却能明辨是非、分清善恶。后来，独角兽就演绎成了法律与公正的象征。在民间，从汉代开始，羊便与吉祥联系在一起。一些古代器物的铭文上，直接把吉祥写成"吉羊"。这不仅仅是字与字之间的通假，也反映了自古以来人们对羊的喜爱之情。

另外，许多原始民族崇拜带角的动物，而羊就符合了这种标准。甲骨文中羊的写法约有四十余种，字形最明显的共同特征便是突出双角。在易学研究中，羊被借为"阳"的象征符号，"三阳（羊）开泰"也经常被作为一年开头的吉祥语，象征万物更新。在西方传统中，山羊角也象征着"太阳"，与中国的"三（阳）羊开泰"之说异曲同工。地中海文明中的头胎羔羊更是寓意着春天的胜利。基督教教义中说"神的羔羊，除去世人的罪孽"，也就指基督为羔羊。而人们常说的"替罪羊"就是来自犹太教中用两只公山羊作"赎罪祭"的传统。

在我国，羊还代表着一种"和"文化，"钟律和则玉羊见"。广州就有著名的五羊传说，在晋裴渊《广州记》中可见相关记载"五羊衔谷，萃于楚庭"。四羊方尊就是以羊为艺术表现对象的代表作：它一方面保留了原始的图腾崇拜；另一方面有作为羊的替代品祭祀神明的意思，还包含着作器者对家畜养殖兴旺的期盼。或许，后世关于羊的种种传说就是来源于此也未可知。

镇国之宝——何尊传奇

陕西是一个文物大省，地下埋藏的宝贝非常多，人们经常在不经意间就挖到一些古董文物。但是，20世纪中期人们的文物保护意识不强，也没有很强烈的经济意识，他们往往把挖到的一些碗、盆之类的放在自己家用，派不上用场的，也不管是不是哪朝哪代王侯将相用过的宝贝，就一概卖到废品收购站换两个钱花。为了尽量挽救可能出现的文物，宝鸡市博物馆的工作人员佟太放就经常到市区的玉泉废品收购站转转，他也没想到，这一转就使一件镇国之宝逃脱了进入熔炉的命运。

1965年的一天，佟太放像往常一样来到了玉泉废品收购站，在堆放了一人多高的废铜烂铁前仔细地审视着。突然，一件带有特殊纹饰的青铜器吸引了他的目光，凭着多年的工作经验，他感觉这肯定是一件很重要的器物，就想马上汇报给单位领导。但是，他又不无忧虑，当时正处于"文化大革命"时期，佟太放的家庭出身不好，是批斗的对象，他的话根本不会引起重视。

△ 西周饕餮纹尊

犹豫再三之后，佟太放还是把这件事告诉了单位保管部主任王永光。他们一起到现场看了这件青铜器，王永光认同了佟太放的说法，还花了30块钱从废品收购站把它买了下来。后来，经过考古人员鉴定，这件青铜器的年代属于西周早期，表面饰有饕餮纹，并将这件铜器命名为"西周饕餮纹尊"，保存在了宝鸡市博物馆。

时间很快到了1975年，这一年国家文物局组织文物精品出国展出，饕餮纹尊就在其中。为保证展览效果，展出前要对文物进行除锈工作，正是这次除锈工作才进一步发掘了饕餮纹尊的重大价值。当时负责这项任务的是时任上海博物馆馆长的马承源。马先生在为饕餮纹铜尊除锈的时候，发现其内胆底部有一篇12行共计122字的铭文，经进一步释读，该铭文中竟然出现了"宅兹中国"的字样，这就表明有关"中国"二字的记载有了确凿的证据，也使铜尊具有了无可比拟的价值。后经马先生考证，铜尊是一位姓何的人制作的，所以又给铜尊改名为"何尊"。

不过，何尊的最初发现者并不是佟太放，而是陕西省宝鸡县贾村镇的村民陈堆。1963年8月的一天，陈堆不知道晚上吃了什么东西，夜里感觉肚子不舒服，就到后面的院子蹲茅坑。可是，他刚蹲下来就发现前面的断崖上好像有个鬼脸样的东西，很是吓人。陈堆做过医生，根本不相信世界上有鬼，但还是觉得很害怕，就跑回屋里告诉了妻子。妻子不相信，还说陈堆疑神疑鬼，妻子这么一说，陈堆也想是不是自己看花了眼。过了一会儿，陈堆的肚子又开始难受，他仍心有余悸，妻子就陪他一起去厕所，果然看到那个鬼样的东西还在那儿，也就信了陈堆的话。第二天，夫妻两个一起来到崖头，想看看那到底是个什么东西。陈堆用镢头向崖头砍去，一个绿乎乎的东西掉了下来，这就是何尊。但是，当时陈堆夫妇谁也不知道这是什么，更不清楚它的价值。他们把铜尊搬到家里，随便放在了一边，用来盛放烂棉花，时间长了还被老鼠在里面做了窝。

1965年的时候，陈堆离开了陕西，把家里的东西交给哥哥陈湖照看，这其中就包括何尊。后来，陈湖的日子实在拮据，就把陈堆留下的铜器卖到了废品收购站，换了30块钱填饱了一家人的肚皮。幸亏后来何尊遇到了慧眼识宝的佟太放，才没有和其他破烂一起被熔掉，而是绽放了它原有的光彩。因为何尊最早记录了"中国"词组，所以也被尊为"镇国之宝"，现仍然珍藏在陕西省宝鸡市博物馆并成为该馆的镇馆之宝。

何尊高38.8厘米，口径为28.8厘米，口圆体方，口沿以下为"十"字透雕脊棱间隔，从上至下将圆形器体分为四个部分。尊的主体花纹为中部的高浮雕饕餮纹，饕餮巨目利爪，形象狞厉凶猛；口沿下饰蕉叶纹，以雷纹为地；圈足部位亦饰饕餮纹。整件铜器既华美瑰丽、庄严神秘，又气势不凡，颇具立体感，实在是一件珍贵的青铜文物。

青铜器的珍贵不仅表现在它的制作工艺上，很大一部分在于器身上的铭文。因为史籍上对于一些历史情况的记载很多不全面，甚至不正确，而青铜器上的铭文是作器者当时刻上去的，比历史资料更加真实可信。所以，青铜器上的铭文越多，记载的资料越丰富，器物的价值就越高。何尊之所以被称为"镇国之宝"，就是因为在它的铭文中有"中国"二字，是我国关于"中国"一词的最早记录。

何尊铭文的大意是：周成王"初迁宅于成周"，告祭武王。成王五年四月丙戌日，王在京师训诰小子何，说：你的父亲曾经效忠于文王，使文王从上天那里得到了治理天下的使命，等武王完成了这个使命，攻克了商，并在洛邑建都，希望你能够效法你的父亲，继续效忠于王室。从这段历史记载中可以看出，武王在镐京建都前先初步营建了洛邑，这是一次具有战略意义的重大抉择。后来，周王将30串贝赏赐给何，何因此铸尊纪念这一重要事件，并以铭文的形式将事件内容刻在了铜器上。在古代，有"司尊彝，掌六尊六彝之位"的说法，指在祭祀典礼的时候，靠近或执掌"尊"的人，都是地位很高的。因此"尊"也就成为尊贵、尊严的象征，用来称呼有身份的人。古代皇帝都称"九五之尊"，就是表示极为尊贵。

1980年，应美国方面的邀请，国家文物部门赴美举办了"伟大的中国青铜器"展览，其中就有何尊，美方为其投保3000万美元。

1998年，宝鸡市青铜器博物馆开馆，何尊作为镇馆之宝被珍藏在内。

2002年1月，国家文物局即发了《首批禁止出国（境）展览文物目录》，规定全国有64件文物此后永久不准出国展出，"何尊"名列第41位。

黑水城珍宝之谜

1907年3月17日，当英国人斯坦因急不可待地从新疆古道赶往敦煌，从而成为亲眼目睹王道士发现的敦煌秘宝的第一个欧洲人时，俄国人科兹洛夫受沙俄皇家地理学会委派已结束对中国西藏、新疆等地的3次考察，正准备开始他的第4次远征。他得到了俄国末代沙皇尼古拉二世及太子阿列克塞"两次"光荣的召见。临行时，他接受了沙皇赐给的3万卢布以及步枪、左轮手枪和子弹。他们对他的这次远征慰勉有加，使多年后科兹列夫回忆起当时情景还十分激动与神往……

俄国学者并不否认当年列强从事此类探险"是在欧美和日本对中国施加政治、经济压力的背景下进行的，探险所得当地地形测量及情况报告，也可能被用于军事目的，清朝政府对此无疑是作出了一定让步"。只是他们认为，在事过将近百年的今天，对保存和研究中国文化来说，探险所获知是"最宝贵的贡献"。

现在看来，在当时众多的外国探险家中，俄国人的鼻子最灵敏。有资料表明，在敦煌，当斯坦因用牛车把经卷抢回伦敦之前，俄国人奥勃鲁切夫早已捷足先登，他用6包日用品骗换了2大包敦煌千佛洞的手抄本，比斯坦因整整早了2年；而对黑水城，最早知道的又是一个名叫波塔宁的俄国人，他甚至在王道士发现藏经洞之前，就从当地蒙古人的著作中知道了黑水城遗址，知道在那儿"拨开沙土，可以找到银质的东西"。据科兹洛夫回忆，他并非第一个觊觎黑水城的外国人，在他之前已有人多次跋涉前往，只是都未能如愿以偿。因为当地蒙古族人不仅没有告诉他们这座故城的所在，而且把他们引向了与黑水城完全相反的方向。

1908年3月，科兹洛夫一行抵达蒙古巴登札萨克王爷驻扎地，即将进入荒

△ 黑水城古城

漠。这一次，科兹洛夫吸取了前人的教训，努力与当地老百姓、特别是与代表清政府管辖这一地区的王爷搞好关系，对巴登札萨克王爷和土尔扈特达希贝勒等盛情宴请，代为请封，并赠送了左轮手枪、步枪、留声机等礼品，终于攻破了曾经守护了多年的防线，得到了王爷所遣的向导指引，第一次到了朝思暮想的黑水城。

他们在黑水城逗留了13天（1908年4月1～4月13日），"挖呀，刨呀，打碎呀，折断呀，都干了"。然而，"探察和发掘基本上未按考古学要求进行"，"对发掘品未作严格记录"。最后，他们将所获的佛像、法器、书籍、簿册、钱币、首饰等装了10箱，共重约160公斤，通过蒙古邮驿，经库伦（今乌兰巴托）运往彼得堡。

客观地讲，科兹洛夫的首次盗掘所获并不算丰富，对他个人来说，更重要的是找到了黑水城遗址，虽然当时他不可能意识到这一点，也许他是失望而去的。首次盗掘物运抵彼得堡后，俄国地理学会很快就作出了鉴定反馈，因为其中有以西夏文这种早已消失、无人能识的死文字刊行或抄写的书籍和簿册，引起了敏锐的俄国汉学家鄂登堡、伊凡阁等人的惊讶和重视。1908年12月，科兹洛夫收到了沙俄皇家地理学会要求他放弃前往四川的计划，立即重返黑水城，"不惜人力、物力和时间从事进一步发掘"的命令。

1909年5月底，科兹洛夫一行再抵黑水城，在与考察队保持着"愉快的关系"的土尔扈特贝勒的帮助下，雇用当地民工，由俄人指挥，在城内城外各处重新勘探发掘。

起初并没有惊人的发现，科兹洛夫本人则不仅"未正规参加发掘"，"甚至连很有意义的发现物也不曾登记在城市平面图上"。如果体会他5月27

日日记中的话——"时间是五点钟,已感到天地炎热,不禁想到在凄凉、死寂的黑水城我们将如何工作"——可以感到他对这次重返发掘并非一开始就充满信心。

然而,奇迹出现了。6月12日,他们打开了西城外一座高约10米,底层面积约12平方米的"著名佛塔",呈现在眼前的竟是层层叠叠的多达2.4万千卷古代藏书和大批簿册、经卷、佛画、塑像,等等,无怪乎后来俄国人声称简直找到了一个中世纪的图书馆、博物馆!他们在因此次发掘后闻名遐迩的佛塔内整整工作了9天(1909年6月12日~6月20日),取出文献和艺术品运往营地,粗粗分类打包后,以40峰骆驼装载数千卷举世罕见的文献与500多件精美绝伦的艺术品踏上了西去的归途。极具讽刺意义的是持"友好态度"的土尔扈特贝勒带着自己的儿子及全体属官,骑着高头大马来为他们送行!

今天我们已经知道,这2万多卷中国中古时期的珍藏,是继殷墟甲骨、敦煌文书之后,又一次国学资料的重大发现。如果说15万片甲骨文字的发现,把中国有文字记载的历史提前到了3000多年前的殷商时代,敦煌数万卷遗书重现了从西晋到宋初传抄时代卷轴装书籍多姿多彩的风貌,那么黑水城出土文献则在时间上延续了敦煌文献,展示了辽、宋、夏、金、元,特别是西夏时期的文化资源。它们中绝大部分是西夏文文献,内容包括语言文字、历史、法律、社会文学、古籍译文以及佛教经典等;其余则为汉文文献,有直接从宋、金传入西夏的书籍,有西夏刻印抄写的书籍,还有不少宋、西夏、元时期关于官府、军队、百姓的档案、文书;此外还有一些藏文、回鹘文、波斯文等其他民族的文字资料。黑水城出土文献具有极高的文献价值和版本价值,然而从它们再现于世的第一天,便沦为外国探险家的囊中之物。

1909年秋天,科兹洛夫盗掠的黑水城珍宝运抵彼得堡。如今,全部文献藏于俄罗斯科学院东方研究所圣彼得堡分所,相关艺术品则藏于国家埃尔米塔什博物馆(冬宫)。

《诅楚文》问世之谜

在中国的文字发展史上，石鼓文占有相当重要的位置，它上承金文，下启小篆，是金文向小篆过渡的书体，是流传至今最早的刻石文字，为石刻之祖。这些石刻文当中，以《石鼓文》和《诅楚文》为代表。而其中的《诅楚文》更是由于其所特有的诅咒与神秘性，引得人们广泛的关注。

《诅楚文》总共有三块刻石，出土于北宋时期。一块叫做"巫成文"，出土于陕西凤翔，326字；另一块为"大沈厥湫文"，得于甘肃平凉，318字；第三块为"亚驼文"，为洛阳刘氏所藏。虽说这三块刻石分别出土于不同的地方，但这三块刻石都反映了同样的主题：秦国通过巫师向老天祈祷，历数秦国和楚国交往的历史，希望诅咒楚国和楚国的君主，让自己的军队能够在战场上打败楚国。究竟是为什么堂堂的秦国要通过巫师祈祷并且刻石成文的手段来诅咒楚国呢？

我们首先来回顾一下秦国与楚国之间的历史。

春秋时期的楚国是名副其实的霸主，春秋的历史可以看做中原国家与楚国争霸的历史。而当时的秦国，除了秦穆公时期曾经短暂的称霸以外，一直以来只是固守在西部一隅，再加上本身实力不强，所以很少介入中原大国之间的争霸中来，故而在春秋时期，秦国和楚国的正面交锋极少。

可是到了战国时期，天下局势发生了巨大的变化。首先楚国在消灭了越国之后，基本占有了整个南中国。楚威王的时候楚国在徐州打败了北方大国齐国，之后楚怀王又击败了魏国，并再次出兵齐国。可以说当时的楚国军事力量极其强大，所以在山东六国合纵讨伐秦国的时候，五国公推楚怀王为众约长（相当于六国联军总司令的职位）。当时的楚国，当时的楚怀王好不威风。

而秦国在商鞅变法之后，国内"道不拾遗，家给人足"，国外击败魏国夺取河西，一跃而成为最强大的诸侯，秦王也有了一统天下的雄心。遍览当时的诸侯，有实力阻碍秦国统一天下，有实力能与秦国一较高下的也就只有楚国了。正如秦相张仪所说的："凡天下强国，非秦而楚，非楚而秦，两国交锋，其势不两立。"所以秦国要想统一天下，首先就要搞定楚国，即使无法一下子吞并楚国，也要寻找机会来打败它，借此削弱楚国的力量。

正因为有这个计划，所以从秦惠王开始，秦国便处心积虑地要攻打楚国。但是军事打击是一个方面，可再怎么说楚国也是当时的超级大国，实力不容小觑，要击败它光靠自己的实力还不够。于是秦国便想到了用诅咒的方式来帮助

△ 元拓诅楚文

他们击败楚国。在古代人的心中上天的帮助也是必不可少的，只要上天帮助秦国而抛弃楚国，自然能够击败楚国。而要让上天抛弃楚国就要诅咒楚国，于是秦国便请巫师来诅咒楚国，并将巫师的诅咒文字刻在石头上，以表示永远不会磨灭，只要楚国一天不灭，刻石上的诅咒就一天不会失效。

讲到这里，我们就要来谈谈《诅楚文》的具体刊刻的时代了。由于史书没有记载《诅楚文》刊刻于什么时代，因而造成后世学者的争论。

欧阳修根据《史记》记载战国时期秦、楚两国相争的情况，提出《诅楚文》不是作于秦惠文王时，便是作于秦昭王时。按《诅楚文》最早叙述的是楚成王与秦穆公时代的事，又有"十八世"的记载，而从楚成王至顷襄王正好经历了十八代，所以欧阳修更倾向于《诅楚文》作于秦昭王时代，所诅之

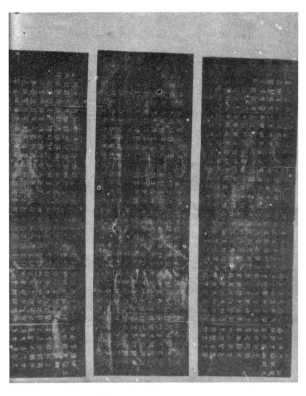

△ 诅楚文

楚王为顷襄王。但后来，他又倾向于《诅楚文》作于秦惠文王时代。宋代的董君主张作于秦昭王时代。王柏根据《诅楚文》中有称"嗣王"的称谓，也就是继承王位的意思。而秦是自惠文王开始称王的，所以秦惠文王不可能自称"嗣王"，继承王位的一定是之后的秦昭王，并明确提出《诅楚文》作于秦昭王九年，公元前298年。

郭沫若则主张《诅楚文》作于公元前312年。其主要理由是，这年楚怀王因受张仪欺骗，发兵攻秦，战于丹阳，兵败后"乃悉国兵复袭秦，战于蓝田"。正是在这种严峻的形势下，秦王才向神祈求保佑，而诅咒楚王。所谓"嗣王"也应理解为"承继先人"之意。

关于《诅楚文》的成书年代可谓众说纷纭，要确定它成书的上限有一定的困难，但如果要确定一个下限还是可行的。这个年代应该是公元前312年，因为自当年的蓝田大捷之后，秦国对于楚国的战绩基本上是全胜，而且都是毁灭性的打击。如果说在这之前秦国人在心理上对楚国的军事实力还有一丝顾忌，借诅咒来壮胆的话。经过这场斩楚国将士8万人，俘虏楚国大将70余人的蓝田大捷，秦国人再也不怕楚国了，诅咒也就没有了必要，一切战场上见分晓。

秦始皇泰山刻石屡屡迁移之谜

　　五岳之首的泰山是中国封建帝王心中的圣地。古人都认为泰山是离天最近的地方，而作为天子的皇帝为了表明自己受命于天，都希望通过祭拜泰山来显示自己是真龙天子。在中国封建社会中，总共有七位帝王曾经登上过泰山，进行过祭拜泰山的封禅仪式。为了纪念登上泰山，帝王们总会留下一些碑刻来，而在这些帝王所留下的碑刻纪念中，最有历史价值的当推第一个登上泰山祭拜的秦始皇所留下的"秦皇泰山刻石"。但正是这块刻石在流传千年之后，竟然被无数次的迁移，从最初的位列泰山之巅，到最后埋没在泰山的荒草瓦砾之中，究竟是什么原因导致泰山刻石遭到如此频繁的迁移劫数呢？我们还得从泰山刻石本身讲起。

△　秦始皇泰山刻石

泰山刻石原来是由两部分的石刻所组成。公元前219年，秦始皇巡游全国，来到泰山并且登上了泰山的最高峰进行祭天仪式。祭天之后，为了将自己统一全国的功绩昭布后世，秦始皇命人在一块高5尺的大石头上刻字歌颂自己的功德，留下了泰山刻石的上半部分。

秦始皇死后他的儿子胡亥即位，史称秦二世。这个昏庸的皇帝为了效法自己的父亲，也开始巡游全国，公元前209年他到达泰山，在秦始皇刻石的字的下边接着刻下了诏书和随从大臣的名字，来歌颂秦始皇的丰功伟绩。于是这便是完整的泰山刻石，当时刻字总计有22行，分东、西、南、北四面雕刻。其中前12行144字为秦始皇时所刻，后10行78字为秦二世时期所刻，两次刻字总共222字。

泰山刻石是我国现存最早的碑刻，其历史意义重大，同时它在中国的书法史上也占据极高的地位。我们知道秦始皇统一全国之后，为了更好地统治管理国家，于是对六国的文字进行了整理，推行"书同文"，将秦国的小篆作为统一文字。而小篆的产生也为汉字逐渐演化成现今通行的汉字奠定了基础。组织统一各国文字，并对小篆进行系统整理，树立统一标准的是秦相李斯，而据说两次刻石也都是李斯所书写的文字，可以说小篆的创始人来书写歌颂皇帝的碑文，自然是难得的精品，再加上当时的刻石都是皇帝亲临现场的，因此也要求刻字人书法水品特别高超，书写者和刻字者的完美结合，可以说秦泰山刻石代表了秦代小篆的最高水平，在书法史上占有举足轻重的地位。

泰山刻石自刻成之日起便一直矗立在泰山的玉皇顶上，由于没有人注意它的价值，所以直到宋朝为止，泰山刻石可以说是默默无闻。

北宋时候的宋真宗赵恒是个非常迷信的皇帝，1009年10月，他为了感谢上天赐给他"天书"，于是亲自来到泰山封禅。皇帝要到，当地官员自然要准备礼物，可当时的兖州太守却没有什么东西可以送的。没有办法，只得将自己所拓泰山刻石南面的40个字的拓本作为贡品进献给真宗。泰山刻石作为贡品被进贡给了皇帝，一夜之间，原来默默无闻的泰山刻石立即变成了人们眼中的精品。越来越多的人开始对泰山刻石进行临摹拓写。但由于刻石暴露在野外已逾千年，风吹雨打已造成原先222字的碑刻到北宋的时候已经毁缺76字，仅剩176字可以辨认。

从宋代到元朝末年，泰山刻石还是在玉皇顶上，但是从明代开始，泰山刻石便开始不断被迁移。明朝初年，泰山刻石已经被人从玉皇顶上迁移到唐摩崖附近；1465年，有人在离唐摩崖十几步远的草丛中发现了泰山刻石；1522~1566年，泰山刻石又被安置到碧霞元君寺的侧室内；最后到1815年泰山刻石被人从玉女池中打捞上来并被安顿在东岳庙新建的西宅内。而此时，经过如此坎坷迁移经历的泰山刻石已经变成了两块残石，刻石上也仅存10个字了。那究竟是什么原因导致泰山石刻频繁迁移呢？

最主要的原因恐怕就是不断有人对泰山刻石进行拓写，使得刻石承受了巨大的压力，从而最终无法再立足于玉皇顶之上了，并最终被搬到了唐摩崖附近。在此之后，一方面由于没有保护，从而风雨摧蚀了石刻上的文字；另一方面，也不排除有拓片商人为了使自己的拓本独一无二而故意毁坏泰山刻石，从而导致石刻表面刻字的不断减少；最后自然灾害也是一个不能忽视的原因，泰山石刻在明代曾经被安置到碧霞元君寺，但到公元1741年6月碧霞元君寺一场大火后便失去了踪影，最后刻石被发现时已经残断成两半。正是因为种种人为和自然的原因导致中国最早的石刻到现在仅剩下10个字的残文。

清代中期之后，泰山刻石仍命运多舛，先后遭到过盗贼的劫掠和日本飞机的轰炸。直到新中国成立后，泰山刻石才真正得到了妥善的保护，被安置在重新修建的"读碑亭"之中，再也不会遭受自然和人为地破坏了。虽然泰山刻石只剩下了10个字可以辨认，但可喜的是宋代的泰山石刻的拓本已经找到，上有165个刻字，根据这个刻本，泰山石刻总共222字得以补全，人们终于可以鉴赏到中国小篆书法艺术的最高成就了。

方腊藏宝之谜

　　方腊，安徽歙县人，北宋末年著名的农民起义领袖。当时宋王朝政治上十分腐朽，军事上难保疆土，对辽、夏的入侵，不但不作抵抗，反而岁奉财物，屈辱求和。因此，民族矛盾日益尖锐。在这种形势下，方腊利用明教组织发动群众。1120年秋，方腊发动起义，自号"圣公"，年号永乐，以巾饰为标志，分兵出击。起义军声势浩大，不到半年就攻占了杭州、歙县等六州五十二县，威震东南。宋徽宗下令童贯率军15万前去镇压。由于众寡悬殊，孤军无援，起义失败，方腊力尽被俘，于1121年秋在东京（今河南开封）就义。

　　一、一块奇石引发的大起义

　　北宋来年，朝廷腐败，土地兼并十分严重。宋徽宗赵估任用被当时人民斥为"六贼"的蔡京、王黼、童贯、梁师成、李彦和朱动，让他们把持全国的政治、经济、军事大权。"六贼"当政，穷奢极欲，竭力搜刮民脂民膏，供宋徽宗纵情享乐。1114年宋徽宗修建延福宫、万岁山，耗尽人力物力。

　　为了修建皇家花园，在宫殿林苑中布置各种奇花异石供其玩赏，宋徽宗特派朱动等在苏州特设一个"应奉局"，到江东各地专门搜集花石竹木和珍异物品，送到京都汴梁（今开封），每十船组成一纲，称"花石纲"。哪个民家有一块较别致的石头或一株少见的花木，"应奉局"的恶棍们就闯进去用黄纸一贴，就算是供奉皇帝之物了。

　　"花石之忧"使运河两岸的大批农民倾家荡产，苛捐杂税多如牛毛，逼得百姓妻离子散。加上连年灾荒，百姓饿死的尸体遍地。"花石纲"加重了人民的负担，成为方腊起义的直接导火线。

　　有一天，方腊和兄弟们正在东山坡上开辟一块新梯地。当这块梯地将要辟好的时候，忽然发现梯地中央有一块光溜溜的大青石，兄弟们挖它挖不开，撬它撬不动，一个个累得满头大汗。方腊扛起一把三十来斤重的开山锄，大踏步走上来，大吼一声："是泰山，也要把你踢进北海！小小一块青石头作得多大的法？"只见手起锄落，只听"轰、轰、轰"三下，接着一声巨响，大青石在山坡上翻了一个身，轰轰隆隆地滚下山去了。回头看那挖开的青石底下，只见有一块白里透红、寒光闪闪的斗大玉石。方腊一见十分高兴，纵身跳下去抱起玉石。在太阳下，玉石的光一闪一晃，分外夺目。兄弟们都被这块奇怪的玉石吸引住了，大家欢欢喜喜围着看个仔细，还你一句，我一句地不住称赞。后来，不知哪个兄弟像"百事通"一样地说："听老人们说过，玉石宝贝只有福大命大的人才能领受；没有时运的人，即使宝贝到了手里，也会变没的。"方腊兄弟们围着花宝石真是越看越高兴，只有机灵鬼方七佛闷声不响。有一个兄弟问道："七兄弟，大哥得宝，是我们的一件大喜事啊！你怎么不高兴？"

方七佛不慌不忙地解释道："当今皇上十分喜欢奇花异石，贪官污吏们更是乘机大肆搜刮。你们想想，那班黑良心的官吏知道以后，还会不流涎水吗？我想，不出一个月，狗官狼吏一定要来闹个鸡犬不宁哪！"有个兄弟愤愤嚷道："花宝石是大哥得的，又不是那些贪官污吏得的，这和他们啥相干！"

方七佛笑笑说："贪官污吏要是讲理，天下怕就不会乱了！"

果然在半个月后，县城里来了两个公差，大模大样地叫喊着找方腊。方腊憋住一肚子的怒火回答道："我就是方腊，你找我干嘛？"

公差恶狠狠地喝道："快快献出县太爷的花宝石！"

方腊听了哈哈大笑道："我有一块花宝石，县太爷的我可没见！"

公差更凶了："胡说，这花宝石明明是县太爷的！本县所有宝石都是县太爷的，快快交出！"

突然，方腊背后有人大吼一声，亮出一把明晃晃的柴刀："要花宝石的，先留下脑袋！"

两个公差一看形势不妙，扭头就跑，方腊兄弟们笑得捶胸拍腿。

隔了两天，从县城里飞来了一队人马。他们嚷着说要去桐树坞取花宝石，说什么花宝石圣洁，冲不得邪气，必须直路去取、直路运回才行。这队人马，逢民房就拆，遇庄稼就毁，一路横冲直撞地奔向桐树坞。沿途的老百姓可遭了殃，个个气得两眼出血。后来，百姓忍无可忍了，不知哪个胆子大的大喊一声"打！"四面八方，男男女女，扛锄头的扛锄头，举铁耙的举铁耙，一下子就把官兵打得头破血流，走运的留条活命逃回县城，到县太爷面前哭爷叫娘去了。

县太爷一听，立即调集了五百精兵，杀奔桐树坞，口口声声要取方腊的脑袋和花宝石。方腊兄弟早已料到一定有大兵到来。他们背上刀斧、锄头，早在箭门山外埋伏好了。五百官兵领头的才进桐树坞，只听得一声锣响，紧接着喊声震天，方腊兄弟们跳将出来一阵砍杀，五百官兵便头断腿飞，呜呼哀哉了。

方腊兄弟杀了官兵，获得了大胜。附近赶来助威的老百姓，都呼喊着，跳跃着，围上前来。方腊见这么多人聚在一起，是一个说话的好机会，便跳到一块高高突起的石头上，对着成千的人群，高声喊道："现在官府赋税劳役那么重，那些大官们还要敲诈勒索。老百姓好容易生产了些漆、纸，也被他们搜刮得精光。我们一年到头劳苦，结果一家老小受冻挨饿，连一餐饱饭都吃不上，你们看怎么办？"

大伙儿听到这里，都高声嚷起来说："您下命令吧！我们听您的。"

方腊受到农民的拥护，就打起杀朱勔的旗号，发动起义。方腊担任起义军的统帅，自称"圣公"。将士们裹着各色头巾，作为标志。愤怒的起义将士，杀死那里的官吏，焚烧他们的住宅。百姓都被官府害苦了，纷纷响应方腊起义军。没到十天，起义军就聚集了几万人马。

当地官军将领派兵镇压，被起义军打得落花流水，两名宋将被杀死。起义军乘胜攻进青溪县，赶跑了那儿的县官。接着，又接连打下了几十座县城，很快打到了杭州。

方腊起义军打下了几十座县城，处死了诸多贪官污吏，没收的金银财宝不计其数，这些财宝一部分用来救济百姓，一部分用作军饷，其余部分被方腊秘密隐藏起来。方腊偏喜凿窟为营，踞洞为寨，青溪西北帮源洞就是他正式建立政权的地方，此后又开凿使用过的有帮潭洞、青源洞、梓桐洞、方腊洞和青溪洞等诸多洞窟。据说当年义军攻城略地得来的财宝，就隐藏在这些洞穴里。

二、方腊的"八十一处"藏宝洞

民间传说方腊是鼠年生人，他曾经屯兵的每处洞穴内，都有不为人知的秘密。

帮源洞位于淳安县叶家乡洞源村西北面1公里的长龙山腰上，它是方腊起义的发起地，一年后方腊兵败，又退守到这里，他与妻、子等人在帮源洞被俘，后英勇就义。为了纪念这次农民起义，当地群众将帮源洞改名为"方腊洞"。

方腊洞洞口为倒梯形，垂直于山坡，洞高1.89米，上宽1.45米，下宽1.11米，洞通进深（除去底部二室）22.16米，平均高度3米左右，平均宽度为0.70米，从洞口至内9米处最狭，仅0.36米；至13.60米处，高4米，宽1.30米，能容一人自由进出；至22.10米处，分为两岔，往下垂直3米为第二室，室长1.80米，宽0.90米；往南向下垂直0.8米为第三室，长3.40米，宽2.30米，可容十余人坐卧其中，实为议事、藏身的好去处。

安徽省南部黄山市休宁县境内的齐云山，因其"一石插天，直入云端，与碧云齐"而得名。据说，这里也是方腊的藏宝洞之一。

870多年前，方腊起义后一个时期作战受挫，曾退守齐云山独耸峰安营扎寨，抗击宋王朝官兵的围剿。

在山上，方腊义军凭借险要的崖涧和天生的云雾，把守要隘，居高临下，用刀剑和滚石把宋朝官兵打得落花流水。齐云山上，粮草丰盈，池塘满溢，方腊依岩洞建寨，本来可以固守，但义军中出了叛徒，一夜之中，掘了池水，烧了粮库，义军陷于绝境。方腊设计退了官兵，下了齐云山后，在浙江帮源洞被捕。

800多年过去了，现在，齐云山的独耸峰上，还有方腊洞、天池等遗迹。1987年9月，齐云山管理处用青色花岗石，雕了一组石像，中间为方腊，手握大刀；左为军师汪公老佛，手托太极球；右为方腊的妹妹方百花，双剑在手。看着这组石像，似有戟戈之气迎面扑来！

方腊在淳安长龙山和休宁齐云山苦心经营的洞窟，有史可证，有据可查，一向是探险者注目的焦点所在。当人们为两处的秘密绞尽脑汁的时候，在淳安县千岛湖镇又有了新的发现。

在距浙江省淳安县千岛湖镇约两公里的辉照山上，深藏着一个颇具规模的石窟群古迹，分布着20余个大小不一、景观各异的古代石窟群。这个怪异的石窟群古迹，神秘莫测，不知开挖年代，为何开凿，在该县县志中也无记载。这使得观者"入洞尽是探奇者，出洞全变猜谜人"。

据当时人传说，这里是方腊起义前挖的藏兵藏宝洞，方腊起义失败后，在山洞中藏有很多金银宝贝，后人为寻宝又在洞中进行了开挖，逐渐形成今天所见的形貌。

沿着崎岖山路至辉照山半山腰茂林处，有一个大如3扇门的石洞口，这就是风洞。风洞是石窟群中面积最小的一个，只有500余平方米。移步洞口，仿佛立刻有阵阵风声从耳旁掠过，据说，开挖此窟之前，常有附近百姓坐在洞口纳凉。

石窟内，正厅、左右偏厅三个区块十分明显，共有三个通风口。特别是左右两个厅，古人生活过的痕迹依稀可见。左厅有三处保存完好、平坦整洁的"睡地"，意味着这里曾住过三户人家。令人惊讶的是四壁石体上，古人放置油灯用的灯台随处可见，不难想见，这里大概就是石窟居住者常常聚会议事之地了。

离开风洞，绕山道往上约行200米，便是当地人传说最多的龙洞了。这是一个有1000多平方米面积的大石窟，也是石窟群中第二大石窟。进入石窟，首先进入视野的是一个约50米见方的大水池，这便是传说中的"龙池"。令人拍案叫绝的是离池近在咫尺的平台上方，有一条长约6米、宽约0.5~2米的裂缝直通山顶，如果从山顶往下看，这条裂缝更为壮观、更为清晰，相传巨龙就是从这里一飞冲天的。更奇怪的是，在裂缝下方一侧，有一小洞，紧挨龙池，传说小龙就从此洞游出，进入龙池，渐渐长大。站立龙池边，看对面平台的石壁上，一座半身的佛像隐约可见，形态逼真。走近细看，佛像正对面设有祭拜台。在佛像头部一侧的一个小石洞内，古人使用香火后留下的熏痕历历在目，不难看出，这便是石窟人祈求保佑的历史痕迹。在龙洞，另一奇观便是蝙蝠群了。只要用矿灯在四周石壁上照一照，每照一处，都可见到成堆的蝙蝠倒挂金钩悬在头顶石壁上，少则数十只，多的上百只。传说，古时常有人进窟等待蝙蝠粪落头上，意为蝠（福）份降临、得到蝠（福）气和带走蝠（福）分。

水洞是三个石窟群中最大的一个，足有1500多平方米，也是石窟群中地势最低的一个。这个石窟中石柱林立，最大的一根要七八个成人才能合抱。这是个递进式跃层石窟，宽敞的大厅是会展的好场所。大厅左边，拾阶而上，是古人的居室，奇的是，从分布情况来看，石窟人等级分明，最前头是侍卫，往里是用人，最里边才是头领，他的住处特别宽大。为应急，此处还专门挖了两个相通的石洞，洞中古人安放的铺路石丝毫未损，这也许就是供头人危险时刻逃跑之用的吧。这里的另一绝品是大厅右边一角，有一泓清泉四季长存，无论外面多么干旱，始终不干不溢，而且清澈透明。静观这泓清泉，能意外发现静谧的泉水中，竟有通体乳白的小虾在游动。据当地人讲，曾有人数年来几次进洞看到这些小虾，但始终不见它们有所长大，这些小虾许是与窟俱来，堪称千年古虾了。

千岛湖石窟群与方腊藏宝的联系只见于当地的传说，并无确切的史料记载，但因石窟群本身奇巧神秘的魅力，也吸引了不少前往探奇的来客。北宋方腊的故事已经尘封了800余年，如果神州大地上的哪一处遗迹能让我们重新回忆起历史的脉络，总是一件幸事。

乐山大佛之谜

　　乐山大佛，是世界上最大的石刻佛像。据《嘉州凌云寺大佛像记》记载，乐山大佛是由唐代海通和尚修建的。传说当年乐山前面的水道是一条重要的航道，来往的船只很多，但是，这条航道因为穿越山岭地带，使沿江形成了很多急流险滩，被人形容为"突怒哮吼，雷霆百里"，常常造成舟倾人覆，酿成了很多家破人亡的悲剧。当地百姓都迫切希望水患能够得到治理。海通和尚下决心依山面水凿一座佛像，既以此来传扬佛法，又可以通过佛祖的力量和仁慈镇魔降妖，带给百姓安定富裕的生活。这尊佛像就是今天的乐山大佛。在《中国名胜大典》中将其形容为"山是一座佛，佛是一座山"。山佛相得益彰，二者相互依存长达千年之久。

　　没到过乐山大佛脚下的人也许在竭尽所能设想它的高大，但不亲身游历也许永远也感受不到身临其境时的震撼和感叹。大佛头至山顶，脚踏江面，气魄宏伟，并且雕刻精致，是从唐开元年至贞元十九年，花费了90年的时间建造的。乐山大佛的肩宽达28米，眼睛长3.3米，一个巨型的鼻子也竟然有5.53米长，一根手中指更是长达8.3米。据说，在他7米长的耳朵里，可以并排站立两个人；而在他14.7米高，10米宽的头上稳稳当当的放一张圆桌则是轻松得如履平地。虽然大佛身体的各个部位尺寸比较精确，但关于他的高度，至今还没有定论，像一个一直没有找到标准答案的谜，期待着文物界、测绘界、历史界的专家学者们去解答。

　　查阅参考文献，我们会发现关于乐山大佛，既有类似于"千尺"、"百丈"等充满文人浪漫主义和夸张色彩的高度记载，也有看似比较精确的记录，例如宋代的《佛祖统纪》、《方舆胜览》，明清时期的《四川通志》、《乐山县志》等书中，都将乐山大佛的高度定义为"三百六十尺"，约为110

米左右。1962年，当地文化部门在对大佛清整维修的时候，采取吊绳的方法进行测量大佛的高度为71米；十余年后，西南水利电力勘察院设计队测量的结果为62.1米；而后，水电部利用近景测量的方法再次确认了71米这个数字。在《中国大百科全书》、《中国名胜大典》、《中国名胜词典》、《中国名山大川辞典》等有关自然、地理类工具书的条目介绍上，也都明确注明乐山大佛的通高是71米。

但是，在上海辞书出版社1990年出版的《中国地名辞典》中，却把高度定义为58.7米，和被普通媒介广泛认可的"71米"相去甚远，却同样得到了很大的支持。

那么，为什么在我们拥有日新月异的现代化勘察测量技术的今天，测量一个不会生长和收缩的巨型石佛像会得到如此多的测量结果，又为什么获得较多方面认可的有两个数据且相差十多米的距离？

据文物界专家讲，主要分歧在于如何定义乐山大佛的"通高"。文物界的在测量实物时，讲究将实物作为一个整体来考虑，整体的最高点和最低点之差被称为其"通高"。在测量一般的佛像时，通常将佛像本身和与之相连的莲花座视为一个整体，测量时自然是从莲花座底一直量到佛像头顶。但具体到乐山大佛来说，有的人认为大佛脚下有两层莲花座，一层是大佛的足踏，也称莲花足踏；再底下一层是一个更为巨大的莲花座。所以，乐山大佛的通高应当以最底层的莲花座为基点进行测量，这样测得的结果为71米。还有的人认为大佛脚下其实只有一层莲花座，所谓的底层更为巨大的莲花座，根本不存在。因为一方面，乐山大佛是在隋唐时期弥勒崇拜盛行的历史背景中建造而成的，而类似的弥勒佛像都只有一层莲花足踏，例如乐山附近的一些唐弥勒佛像都是如此；另一方面，也有人指出，所谓的巨型底层莲花座实际上只是大佛莲花足踏下面的一层石基，只不过在边缘刻上了一些莲花图解的图案，这花纹只能算是一种装饰，不能据此就确定石基为莲花底座。所以大佛的通高应当从莲花足踏算起，这样测量的结果是58.7米。

一个大佛有两个，甚至更多的高度测量结果，显然是历史，更确切地说是文物界留给我们的一个测量之谜。

乐山大佛藏宝洞之谜

乐山大佛坐落在四川省乐山市峨眉山东麓的栖鸾峰，为弥勒倚坐像，面相端庄，坐东向西，雕刻细致，线条流畅，身躯比例匀称，气势恢弘，通高71米，是世界最高的大佛。大佛头长14.7米，头宽10米，耳长7米，手指长8.3米，脚背宽8.5米，可围坐百余人，素有"佛是一座山，山是一尊佛"之称。

据唐代韦皋《嘉州凌云大佛像记》和明代彭汝实《重修凌云寺记》等书记载，佛像开凿于713年，完成于803年，历时90年。一千多年过去了，岁月流逝，斗转星移，阅尽人间春色的乐山大佛依旧肃穆慈祥、心神不摇。

雄伟的大佛和它古老的历史，让人感到无尽的神秘和向往，再加上"佛中有佛，佛在心中，佛心藏宝"的民间传说，更多的人相信大佛蕴藏着无尽的宝藏。1962年，维修人员在大佛胸前发现了人工开凿的洞穴，但是未有惊人发现。20世纪80年代，有人偶然发现乐山大佛的栖息地，实际是一尊三山（乌尤、凌云、龟城山）相连的"巨型睡佛"，而乐山大佛正处于这尊"巨型睡佛"的心脏部位，和"佛在心中，心中有佛"的说法不谋而合。

到了20世纪90年代，又有游客在大佛的心脏部位发现了一尊"小佛"的隐约身影，头、眼、鼻、嘴等五官清晰可见，这尊"小佛"的身影刚好位于乐山大佛胸前的洞穴位置。古时候修建佛像，的确有在佛像上修建密室藏东西的例子，这也是佛教教义允许的。看来藏宝之说并非子虚乌有。那么藏宝洞里藏了什么东西？又是谁藏在里面的呢？

一、筹集万金建大佛

乐山大佛开凿的发起人是海通和尚。海通是贵州人，离开家乡，来到乐山凌云山下。凌云山下乃三江会聚之处，每当汛期，山洪暴发，常常毁坏农田，倾覆船只。为了制伏江水，海通和尚立志开凿一尊大佛来镇住

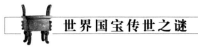

"水妖"。

海通四处化斋,经过数年努力,终于解决了资金问题。没想到开凿之日,地方官吏觊觎其募到的金银,趁机刁难,声称要收取建造费和保护费,否则不让开工。海通和尚自剜其目吓走了贪婪的官吏,工程才得以开展下去。

后人提到乐山大佛的修造,似乎都归功于海通,事实上,海通从筹资到修造仅主持了18年后就因积劳成疾圆寂了,工程就此停了下来。而这18年中,策划和募款占了10年,实际开凿的时间仅8年,剩下的大部分工程都是在地方政府的组织下完成的。

海通主持开凿了大佛的头部至胸部,剑南四川节度使章仇兼琼主持了大佛胸至膝部的工程,大约用了7年时间。章仇兼琼的继任韦皋主持了"莲花座上及至膝"工程、大佛"丹彩以章""金宝以严"的通体上色工程、"像设以俱"的九曲栈道工程、"万龛灯焰"的佛窟小佛及韦驮护法神工程,还有尤为艰巨复杂的大像阁工程等,大约耗时15年。

整个大佛的修造工程,除去筹措资金及中途受安史之乱、藩镇割据影响的停工时间,实际用于开凿大佛的30余年时间,地方政府主持开凿了22年,承担了近3/4的工程量。

资金方面,海通仅靠民间募资形式,资金筹措量非常小;章仇兼琼"持俸钱二十万以济经费"、韦皋"以俸钱五十万佐其经费",先后拿出自己积蓄的部分薪金来支持大佛工程,但由于工程巨大,这些钱只是杯水车薪,大部分工程款动用的是地方财政的税收资金,并且是得到了皇帝恩准的。修造资金有了根本的保证,才使大佛工程得以顺利完工。

政府的支持还表现在征地手续上,能将凌云山栖鸾峰这块临江的风水宝地,无偿划拨给海通修造大佛,可见政府对大佛修造工程是持肯定和支持态度的。从这个意义上讲,乐山大佛修造工程实质上是一项由民间发起,后演变为政府大力支持的唐王朝形象工程。如今,如果我们提出"建造乐山大佛共用了多少钱"这个问题,恐怕没有人能回答,但可以想象,那绝不是一笔小数目。

除了资金，整个大佛工程的完工还凝聚了几代住持的心血，也凝聚了广大工匠的智慧和汗水。当时聚集了一大批全国最优秀的工匠，其中有像南朝著名佛像雕塑家僧佑（摄山大像与剡县石佛的雕塑者）和隋朝有名的建筑家李春（赵州桥的建造者）这样高级别的能工巧匠，正是有了这些能工巧匠，才能留下乐山大佛这一佛像精品，并使之成为中华民族的千年文化瑰宝。

二、佛心藏宝

1962年，乐山县政府组织新中国成立以后第一次较大规模的维修大佛，修补前胸时，工人发现佛肚前有一个封闭的藏脏洞，它的发现似乎印证了大佛身上有"藏宝洞"的千古传说。这个藏脏洞，因位于大佛胸前的心脏部位而得名，是一个高3.3米、宽1米、深2米的长方形人工开凿的暗室。

洞穴的封门石在两位见证人的注视下被打开，室内情形令人大失所望，仅散乱地堆放着一些破旧的废铁和铅皮，开启现场唯一有价值的就是封门石。封门石是宋代重建天宁阁的记事残碑，此碑有可能原来是嵌在大佛胸前的。

现场的两个见证人，一人认为暗室堆放的东西，应该不是原洞穴堆放的，而是被盗后的人为遗留物，且时间不会太远，应该在清末民初。另一个认为，暗室里的"废铁"应是"鎏金铜壶"，"铅皮"似乎是破损的"铅皮经卷"。若此推断成立，则说明暗室里的东西应是被盗后残留的原有东西，最近年代也应和封门石碑年代一样是宋代遗留物。

由于当时藏脏洞被打开后，没发现什么有价值的东西，随后就被工匠用青砖、水泥灰封闭，且两位现场当事人说法不一，已无从考证。唯一的线索封门石，因那次维修时移至附近的海师洞（建造大佛时海通和尚的卧室）保管，"文革"中，洞内的存放物被毁，残碑也下落不明。宋代"天宁阁记事残碑"是近现代史学者一直找不到的一块重要的文物石碑，得而复失令人深感遗憾。

那么，封门石上的文字是什么？为什么要用此石来封藏脏洞？大佛胸前的暗室到底是何时所凿，目的为何，被盗前究竟装了什么东西？如此多的疑问几乎成了千古谜团。

专家分析，在佛身上凿洞多见于泥塑、铜铸的作品中，是佛经教义允许的。藏洞内所装东西一般是粮食——"五谷"及金、银、铜、铁、锡——"五金"。"五谷"象征菩萨保佑"五谷丰登"，"五金"象征菩萨保佑"招财进宝"。还有的佛身藏洞内装的是仿制五脏六腑的器皿或经书帛卷，以此象征"肝胆相照"或"真经永驻"。关键是这些藏洞大都开凿在佛体背部隐蔽处，而乐山大佛开凿的位置在佛心部位，这是前所未闻的。

虽然封门石是宋代重建天宁阁记事残碑，但不能说明此洞是宋代人开凿并封藏的。从开凿此洞的长、宽、高规模来看，工程量较大，应是唐代同期工程，是造佛时的配套工程，也就是说施工者在设计时就考虑到了这个藏洞功能。

那么这个藏洞究竟要藏什么东西呢？可能是财宝。大佛建成前后募集金银不少，如此大的工程，建成后的佛事活动肯定很多，香火旺盛，八方朝拜，大佛寺庙能收到的捐赠善款、奇珍异宝肯定很多。虽然利用佛身藏宝，况且是在"佛心"，跟佛经教义相悖，但若是前人考虑深远，佛财归佛，善款专用，将募集来的剩余资金封藏好，留给后人，紧要时开启用于维修，这个解释还是有点道理的。

除此之外，还有一种可能，那就是"佛中有佛"。通过一些文字记载，我们可以知道，大佛是以寺庙"能仁院"中的弥勒石佛作为"小样"进行凿刻的。海通找匠人依照能仁院中的弥勒石佛凿刻成一尊"丈余高"的"小样"，然后将"小样"请到施工现场，叫匠人将"小样"按1∶13的比例放大开凿。那么大佛修成后，大佛的"小样"应该怎么交代呢？建造者肯定不能让如此重要的"小样"，即大佛的"前身"和"母本"失散了。

据此推断，大佛藏洞是在大佛修造后期，即韦皋修造时考虑设计的，主要目的就是为了收藏"小样"，也符合"心中有佛，佛在心中"的佛经教义。或者也考虑到，百年后大佛残破，后人可以依"小样"重新维修。

甚至可以大胆想象，海师洞不纯粹是海通禅师的寝室，海师洞最初开凿出来是想作为大佛"小样"的保管室。在能仁院内依标造"小样"时，海师洞就同时在开凿，"小样"一请出能仁院就住进了海师洞，这样才能体现对

"小样"佛的虔诚，同时"小样"放于海师洞便于拜祭和保留。非如此，大佛前后修造达90余年，"小样"就没有一个固定的场所保护，难以长时间保留。要知道大佛依标施工虽仅用了30余年，但其中有50余年的停工时间，没有海师洞停工时的封闭保护，"小样"难以流传下去，而大佛"小样"是统一前后开凿风格的唯一标准，其重要性不言而喻。

不可否认的是，藏脏洞在历史上曾被多次开启，以致洞内的贵重物品早已荡然无存。也许是在唐晚期会昌五年唐武宗的全国范围内的灭佛行动中，"小样"被掘出顶替大佛而惨遭捣毁；也许在唐末宋初就被盗宝者劫走；也许19世纪初四川军阀陈洪范组织对大佛维修时就发现了大佛胸前这个藏宝洞，掠宝后再将大佛脚下的天宁阁记事残碑移作封门石……

无论今人做何推断，洞穴内毕竟没有发现过金银财物和"小样"，神秘的大佛，神秘的宝藏，神秘的传说，这个千古之谜有可能被揭开吗？

三、高科技搜寻宝藏

乐山大佛距今已有1200多年历史，千百年来，历经战火、自然灾害，表面看起来很"健康"，但是却并不能完全掩饰其千年的沧桑，也不能证明其身体内部没有问题。历史上，乐山大佛经历了多次维修，但是其身体经过的是不同时期、不同材料的修补，这一点令人不安。同时，乐山大佛的宝藏迷雾长期以来也让人们困惑不已。

出于对大佛"健康"的关注和为人们解惑的目的，2006年6月，中国科学院和乐山市文物管理所的专家学者齐聚大佛脚下，用了大约一周的时间，动用先进雷达探测器，对大佛进行"B超体检"。动用先进设备进行检测，更有利于文物的保护。

如同人体内科的诊断需要依赖CT、B超等先进透视技术一样，大佛体内的诊断也需要先进的岩体透视技术支持。用配备短波天线的地质雷达对大佛内部结构、基脚结构进行探测，检测数据的分析结果，可以为大佛基础加固的评价以及判断乐山大佛能否再经受千年风雨提供科学依据。

此次"体检"，中国科学院成都山地灾害与环境研究所共派出4名专家学者，大佛景区文物管理所派出了5名专家，另外还招聘了8名工作人员。动用的是曾在"9·11"事件发生后用于搜救的瑞士地质雷达无损检测设备，通过这种设备，可以搜集到大佛身体各部分何处有破损以及各种修补材料的现状。

作为古时修建佛像的惯例，乐山大佛的某个部位极有可能藏有密室，用来收藏当时的一些东西，这个传说至今从未得到证实。地质雷达的电磁波将深入大佛内部2~70米，发现乐山大佛内部的秘密，专家们自然不会放过任何有可能藏宝的空间。

检测之前甚至有专家称："我们将会发现乐山大佛内部是否存在佛教法器，如果存在则可能是1200多年前雕凿时放进去的。按照佛教传统，这种可能性是存在的，包括当地民间传说的大佛曾受到过炮弹轰击，都可以通过电磁波检测出来。"

6月8日，一些专家和工作人员在大佛实地考察地形。一些临时聘请的工作人员冒着生命危险从大佛佛头处往下垂悬梯，而为了保证安全，当地一家保险公司还为高空作业的8名员工免费赠送了总价为40万元的保险。

正式探测从9日上午开始。9日探测对象是大佛的脚背、双腿之间，10日是对双手和大腿以及胸部进行测试，11日对头部进行测试。得知这一消息的人们都翘首以待，希望现代的探测方法能揭开大佛的藏宝之谜。然而专家检测完之后，只公布了简单的结果："目前内部结构都是很稳定的，没有发现什么异常。"对宝藏问题只字未提。看来，千年的猜测、千年的疑问将继续下去了……

项羽宝藏之谜

相传楚汉相争时，西楚霸王项羽失败，在乌江自刎而死，还留下所谓的"霸王宝藏"。据说宝藏就埋藏在现浙江绍兴的草湾山，当时项羽在石碑上，留下两个类似英文字母"P"和一个注音"冂"的符号，但这两个符号至今还无法破解。

楚汉订立和约，以鸿沟为界后，项羽履约，率兵东归。而刘邦则采纳张良、陈平建议，乘势追击楚军，由此开启了刘邦对项羽的歼灭战。经过数次激烈战斗，公元前203年12月，韩信率三十万汉军和诸侯联军，将项羽的十万军队紧紧包围在垓下（今安徽灵璧东南）。到了夜间，四面汉军都唱起楚歌，以瓦解项羽的军心，十万楚军最后逃得只剩下了数千人。

项羽听见四面楚歌，以为汉军已经全部占领了楚地，于是陷入绝望之中。半夜在帐中饮酒，情怀悲凉，不由得对爱姬虞姬慷慨悲歌："力拔山兮气盖世，时不利兮骓不逝！骓不逝兮可奈何，虞兮虞兮奈若何！"高歌数遍。虞姬唱和，随后自杀。于是项羽乘乌骓马率八百精骑趁夜突围南逃。

天明，韩信命令灌婴率五千骑兵追赶。项羽渡淮河，跟从者仅百余人，至阴陵（今安徽和县北）迷失道路。陷入沼泽中，为汉军追上。项羽又率兵向东逃到东城（今安徽定远东南），这时身边仅剩骑兵二十八名。最后退到乌江（今安徽和县东北），准备渡江返回江东。当时乌江亭长在江边已备好渡船，但项羽感到自己无颜见江东父老，在斩杀汉追兵数百人后举剑自刎，年仅31岁。不过，项羽死后，却在浙江绍兴的草湾山留给后人一个极大的谜。

在绍兴的项里村，一直流传着一个关于项羽宝藏的传说。相传，项羽曾在草湾山秘密练兵，在离开前，他因为感念村民的帮忙，想留下礼物，但大笔金钱又不知道该给谁，最后只得将这些宝物埋藏起来。

草湾山位于绍兴著名风景区豆雾尖北麓，海拔约70米，东西长400余米，山两面是一座新修的项羽庙，山上则覆盖着厚厚的灌木林。

前些年，项里村的村民在村东草湾山茂密的丛林中，发现了一块相传为秦汉之交、西楚霸王项羽刻下的神秘字符的石碑。据说，谁能破译这个字符，谁就能找到当年项羽埋下的藏有十二面金锣的宝藏。但一直以来没有人能破译神秘字符，关于宝藏和字符的传说，成了绍兴当地一大谜团，至今无人能解。

那么，十二面金锣又是怎么回事？据《史记·项羽本纪》载，项羽因叔父项梁犯命案，两人一同避难吴中，并曾有一段时间生活在会稽一带（即绍兴）。在绍兴当地新近出版的一套鉴湖系列丛书中，对项羽和项羽宝藏的传说更有详细记录，书中写道："项羽为避难，在项里村一带隐居，得当地村民庇护。此后项羽募集八十江东子弟在附近练兵，铸十二面金锣日夜操练，金锣质地80%为金，20%为铜，价值不菲。起兵前夜，项羽为报答村人，命士兵在附近连夜埋下十二金锣，并在草湾山上刻下指引找到那十二金锣的字符。"

两千余年来，时时有人在山上发现该字符，但至今没有人能解开字符的含义。还有传说，明末清初的绍兴著名学者张岱曾在草湾山一呆数月，意图解开字符之谜，但终究未能如愿。乾隆游会稽时听闻该传说，曾特意到项里村附近查访，但最后却是失望而归。那奇特的符号，究竟是经文还是蝌蚪文？到今天没有人能破解。宝藏还在不在？这已经成为千古之谜。

钧瓷鸡血红的曲折传奇

　　钧瓷是我国陶瓷中的珍奇瑰宝，我国古代五大名窑瓷器之一。在北宋五大名窑中，钧瓷以其品种繁多、造型独特、瑰丽异常而名闻天下。钧瓷色彩斑斓，美如朝晖晚霞，被誉为"国之瑰宝"。自古以来，就有"家财万贯不如钧瓷一件"的说法。它起源于河南省禹州市神后镇，始于唐，盛于宋。北宋徽宗时（1101~1125）成为御用珍品，并在禹州城北"古钧台"附近设置窑，烧制宫廷用瓷，因窑名"钧窑"，故瓷名"钧瓷"。钧瓷如此神奇，究竟神在何处？

　　钧瓷的鼎盛时期是在宋代。今天禹州城北关的颍河桥附近，有一条钧官窑街。代表钧瓷辉煌顶点的宋代钧窑遗址就在这里。钧窑瓷器，件件价值连城，宋徽宗时一年只生产36件，每件都进了皇宫。现如今，流传下来的钧官窑瓷器也就不到100件，件件都是国家一级文物。据说，每年宋徽宗从钧官窑只挑选36件钧瓷，作为御用品。剩下的瓷器，不论好坏一律砸碎。就是砸碎后的瓷片，也要埋入地下，不准流入民间。宋徽宗时代，钧瓷艺术几乎达到尽善尽美的程度。当时的钧瓷釉色极为丰富，在青、红两类中，又变幻出月白、天青、天蓝、米黄、葱绿、茄皮紫、海棠红、玫瑰紫和鸡血红等。这些色彩排列在一起，构成了一个绚丽多彩的世界。更可贵的是，能工巧匠们还烧制出一种乳光釉色，这种釉色艳而不妖，俏而不媚，华贵而不失沉稳。在釉色的背景上，还疏密错落地满布着泪痕纹、蚯蚓走泥纹等。这些图案有的如峡谷飞瀑，有的如雨过天晴，有的如玛瑙开花，看上去仪态万方，美轮美奂。据说，乳光釉色的手感也很好，摸起来犹如两岁小孩的肌肤。在所有的颜色中，最美丽最让人惊叹不已的就数鸡血红了。这种红色看起来耀眼夺目，宛如升腾的焰火，但却并不浓烈，据说，盯着它看久了，能让看的人想起心中最美好的情愫。

神后重，一个被全世界热爱钧瓷的人烂熟于心的名字，一个让全世界热爱钧瓷的人敬畏的地方，一个孕育了钧瓷的中州名镇。

神后重是块宝地，群山环抱，南有大刘山（也称龙山），北倚干鸣山，西接凤阳山，东连三峰山，中间有小清河和驹虞河流过。南山有煤，北山有土，造就了神后重烧制瓷器的独特优势。早在夏商时期，这里就有人烧制陶瓷；秦汉时期，神后重已能制作精美的手绘彩陶；到了西晋，已由制陶发展到烧制瓷器；晚唐时期，制瓷艺人在原来青瓷的基础上，采集风化山石，研制新釉，生产出了"花瓷"。

关于钧瓷鸡血红的由来，神后重镇流传着一个优美的传说。

古时候，神后重有个老窑工叫王钧，老伴儿去世早，于是他就收养了一个儿子，起名王小，在大刘山褚虞河边以烧制钧瓷为生。家境很是贫寒。

有一天晚上，王钧刚睡下，朦胧中听见有人唤道："王钧醒来，王钧醒来。"他起来看看，屋内连个人影也没有，翻个身又入睡了。不大一会儿，只见一道红光，照的小屋如同白昼，王钧翻身坐起，只见一位红光满面的白发老人坐在床边。老人对王钧说："你烧造钧瓷不得秘诀，我今奉玉皇大帝之命，特来点化于你。但凡仙之间不能通话，我手书二字，启发于汝。"说着操起一根柴火棒写起来。王钧一看，是"心血"二字。正待细问，老人将手一摆，又写道："天机不可泄露，得秘诀之后，子孙造福人类，不可渔利他人，否则，得而复失。"说罢，便飘然而去。

第二天，王钧醒来，回忆昨晚之事，原来是一场美梦。说起王钧的手艺，真是出类拔萃，七里长街同行无人可比。他做的钧瓷如碗、盘、炉、鼎、瓶、洗、盆、钵等，设计合理，造型大方，就是掌握不住火候，烧出的产品常因釉向下流走多造成报废，使他伤透了脑筋。昨晚仙翁指点，可是人的"心血"何处寻呢？左思右想，毫无办法。最后拿定主意，自己以身试火，取的经验传给子孙。他将养子王小叫到跟前，将仙翁指点自己试火一事告诉儿子，王小扑通跪下说："爹爹，万万不能，万万不能啊!"王钧脸色严肃，扶起儿子说："我儿不必多虑，天意如此。"王小见父亲主意已定，也暗地里打定了主意。

　　几天后，父子俩将坯子上好釉装进窑里，点上火，连烧三天三夜，只见窑内浓烟翻滚，火苗不住地往上窜，王钧双眼布满血丝，汗流满面，对儿子说："孩子，就看今夜了，我饿了，你去拿个馍来。"王小不知是计，回身拿馍去了。王钧目视苍天大呼："苍天有灵，莫负老汉一生心血！"说罢，脱光衣服，爬到窑顶，跳进熊熊的窑火中。

　　王钧往火中一跳，立刻急坏了暗中相助的白发仙翁。他在窑旁整整蹲了三天三夜，只等今夜助王钧一臂之力，谁知王钧竟纵身跳入窑火中，顿足叹道："罪过，罪过！"他见事已不可挽回，遂用手点化。只见窑内浓烟顿消，红浪翻滚。王小拿馍回来，见到父亲衣服，一切明白，遂大叫一声，气绝于地。悠悠间，王小来到大刘山上，看到一位白发仙翁正在和爹爹谈话。王小急忙赶到跟前，拉着仙翁的手说："救救俺爹。"仙翁说："此乃天数，命该如此，也是老夫之过。你要继承父业，做好钧瓷，贡献世人。汝父今已列为仙籍，不必为虑。"言尽，拉着王钧直上天空。王小抬头看时，只见半空中飘落下一张纸条，拿起一看，上书"可用鸡血代替"六个大字。

　　再说，众乡邻见王钧已死，慌忙救醒王小，他擦了擦充血的双眼，看看窑中火势，只见各种造型的钧瓷作品像涂了一层颜色一样，五光十色，艳丽夺目，十分好看。恍惚中，好像看见父亲身影一样。他悲痛地对邻居们说："不管这一窑是什么红色，都叫鸡血红。"果然，出窑后颜色最好的就数鸡血红了。此外，还有玫瑰红、海棠红、茄皮紫等颜色。数百年过去了，这个故事一直在神后重流传。后来人们为了纪念王钧，在神后重的窑堂里和窑前都塑起了王钧火神像，以保佑烧窑不出事故。现在还有人传说，在窑火点燃三天三夜的时候，还能看见王钧的身影呢。

夜郎王印之谜

在中国，夜郎的确是个颇具传奇色彩的人物。关于他的故事可谓数不胜数，然而，他的形象却在这一堆堆故事中变得越来越不清晰了。在诸多扑朔迷离的夜郎故事中，夜郎王印之谜可谓是最难破解却又寄托着众多学者的美好期望的故事了。当我们拂去历史的尘埃，企图拨开这些疑云的时候，会在那本世人皆知的古书《史记》中看到这样一段引人入胜的记载：

公元前135年，汉武帝派大将王恢率军攻击东越，降服后又派一个叫唐蒙的人去劝告邻近的南越归附。他在那里吃到一种名为枸酱的美食。回到首都长安，唐蒙从蜀地商人处了解到，枸酱本为蜀地所产，是经夜郎江运到南越的。唐蒙灵机一动，何不顺江出奇兵而制伏南越呢？皇上采纳了他的建议，任命其为中郎将，率精兵万人，后勤部队一万人进入夜郎。唐蒙赐予夜郎侯许多宝贝，同时晓以恩威，约定置官设吏。夜郎附近的一些小城邑都贪图汉朝的绢帛，认为汉朝通往夜郎的道路十分险要，不足以占领他们的地盘，就暂且同意了约定。

后来南越反叛，夜郎侯本来依赖南越，南越灭亡后，汉军回师讨伐反叛国家，夜郎侯便入朝称臣，被封为夜郎王。夜郎的邻居滇也率国投降，并被赐予滇王印。在西南夷的数百位君长中，只有夜郎和滇的君王得到汉朝赏赐的王印。这就是文献中记录的夜郎玉印的由来。但2000多年来，人们对这一记载的可靠性一直将信将疑。

其实，无论是以往的历史学家，还是传统的金石学家，都未能解决夜郎和滇王印的真实性问题，直到20世纪50年代，一次正规的考古发掘才使这一难题之解初现端倪。

1956年冬，云南滇池东岸的晋宁石寨山寒风瑟瑟。云南省博物馆的考古人员正在这里进行考古发掘。一天，一位参加发掘者对主持工作的孙太初先生开玩笑说："如果能出现一颗滇王印就好了，它可以证明这是一处滇国墓地，石寨山的名气一下子就会大起来，你这个发掘主持人可少不了请客。"孙太初想，天下哪有这么凑巧的事，便信口应下。岂知几天之后，奇迹果

△ 夜郎王印

真出现了，考古人员在六号坟墓底的漆器粉末中，清理出一枚金印，顿时整个发掘现场欢呼雀跃。孙先生说："当时自己的心怦怦直跳，捧着金印的手也有些颤抖，小心翼翼地将印上的填土剔除，四个典型的汉篆阴字——'滇王之印'明白无误地跳入眼帘。"金印四边完整无损，印背上盘绕一蛇，回首逼视，两眼熠熠放光，光彩夺目。虽说这枚金印的大小不过方寸，但作为滇国历史的见证，它却重比千斤。激动之余，孙先生并未忘记先前的许诺，立即请人去渔船上买来两条大鲤鱼，大家饱餐了一顿。

滇王之印的发现不仅再次证明了司马迁直录实书的不可怀疑性，同时，也为汉武帝赐印夜郎提供了强有力的旁证。但有趣的是，滇王之印发现之初，也有人从金的成色、钮的蛇形和字体等方面否定其为汉廷所赐，而是滇王自制，但近年来，学者们的意见已趋一致，认定其为公元前109年汉武帝颁赐。

其实，在我国历史上这种赐印之事并非绝无仅有。例如，《后汉书·东夷列传》记载有这样一件事，57年，侯奴国奉贡献贺，光武帝赐以印绶。1784年，此事的真实性获得证实，日本北九州岛志贺岛村民甚兵卫在垦田时从一块大石下挖出了金质阴篆的这枚汉委（即矮）奴国王印。

专家认为，通过滇王之印、汉委奴国印的情况，足以证明历史上夜郎王

确实获得过汉中赏赐的金印。甚至有的专家推测，"此印为纯黄金所铸成，方形、蛇钮、上刻阴篆文夜郎王印"。

历史资料和考古发掘已基本证实了夜郎王印存在的真实性，正因为如此，才引起了众多的关注，甚至有专家认为："找到夜郎王印，也就等于找到了夜郎国。"

1995年9月，贵州省成立了以分管副省长为组长的夜郎考古领导小组，以加强夜郎文化的研究。根据我国古代用印惯例，夜郎王印应该是每朝君王之间代代相传，由此可以推知夜郎灭亡前，此印当在夜郎王手中。公元前27年，汉太守陈立诱杀了夜郎王兴，其岳父翁指、子邪务兴22邑之兵复仇，手下之兵共斩翁指，持其首出降，夜郎遂亡，王印的下落便成为千古之谜。

省民族研究所研究员翁家烈认为，夜郎王印不可能在墓中找到，原因在于夜郎王兴是被杀的，这个印不会好好保存。他还说："我国古代一般封官授印，而被处斩的官印要收回，因此，不排除已被中央收走的可能。"也有专家认为，王印不可能在墓中找到还有一种可能。晋代的时候，一种叫"五茶夷"的少数民族曾挖掘了一代叫"庄王"的夜郎王墓，晋政府以此为借口，灭了"五茶夷"，因此，王印会不会被"五茶夷"掘得，或为晋灭"五茶夷"时为晋人所获？

还有人指出，夜郎王兴被杀时，是"从邑君数十人见（陈）立，立数责，因断头"。是时王印在兴身上的可能性不大，而后来翁指、邪务复仇，史料中只记翁指被杀，邪务不知结果，也有可能兴被杀，邪务即位而执印，兵败后挟而走之，不知所终。

由于谜团重重，专家们在肯定如能找到王印将产生的积极意义之余，不得不留下冷静的思考。其中在一份名为《贵州夜郎考古座谈会纪要》中也看到这样一段文字："是否一定有都邑，是否一定有留存下来的王族墓葬，是否有丰富的随葬品，以及汉王朝颁赐的金印是否能密藏至今等，都不可预先框定，需要考古发掘事实才能作出准确回答。"

利簋传奇

　　1976年3月，陕西临潼县零口镇南罗村的农民在搞水利建设时，挖到了一个内有大量青铜制品的窖藏，其中就包括利簋。簋是古代盛装煮熟的稻、粱等食物的器皿。在祭祀或宴会时，它又是一种重要的礼器，和鼎配套使用。

　　利簋，又名檀公簋，是目前发现的时代最早的西周青铜器。高28厘米，口径22厘米。圆形，敞口，鼓腹，双兽耳垂珥，圈足下附有方座，造型庄重稳定。以云雷纹为地，腹及方座饰兽面纹，圈足饰夔纹，兽面巨睛凝视。该簋最有价值的是腹内底部铸的铭文，共4行32个字，开始即为："武征商，唯甲子朝，岁鼎克闻，夙时克商。"这与文献记载中的周武王在甲子日早上出兵伐纣完全一致。铭文还讲述武王灭商7天后，在陕西阑师赏赐有功人员，"利（人名）"得到了周武王赏赐的金（青铜）。为纪念这一荣耀，利便铸造了这件簋，用来祭奠祖先、流传后世。这也是利簋名称的由来。

　　利簋铭文中记载的武王伐纣一事，是中国古代历史上极其重大的事件。但是，很长时间以来，由于文献资料的不足，又缺乏实物见证，武王克商的确切年代一直众说纷纭。由于推算的依据和方法不同，关于武王克商的年代竟有40多种说法，由最早的公元前1130年，到最晚的公元前1018年，时间跨度长达112年，误差悬殊。而利簋腹内的铭文内容证实了《尚书·牧誓》、《逸周书·世俘》以及《史记·殷本纪》等文献关于武王征商、牧野之战、甲子日恰逢岁星当空等史实的记载，是目前能够见到的唯一有关武王伐纣的第一手出土文献史料。它不仅记载了武王征商的史实并与史书记载相印证，同时还记录了确切的干支记日以及天象信息，为夏商周断代工程"武王克商年代"的确定提供了重要依据，其意义非凡。

　　另外，利簋是已知西周时代最早的一件铜器，可以作为青铜器的标准器，即通过同样可以确定年代的器物与利簋相比较，鉴别器形、纹饰、文字、色泽等要素上的异同，确定其他器物的年代和真伪。利簋的方座器形是西周初期铜簋的典型造型，字体扁长的铭文，也保留有商代铭文字体首尾尖中间粗的特征，堪称西周早期金文的代表作之一。

1996年，我国启动了举世瞩目的"夏商周断代工程"，这一工程集合了历史学、考古学、天文学和测年技术等领域的200多名专家，其中的一个重要课题就是"武王克商年代"的确定。

专家们根据利簋上的铭文记载，首先确定武王伐纣是在一个甲子日，同时还根据其对"岁星"（木星）的记载，通过缜密的思考和科学的论证，制定了两条途径：一是通过关键性考古遗址的分期和C14测年、甲骨文日月食以及文献记载的综合分析，缩小武王克商的范围；二是在以上范围内，通过金文排谱和对武王克商的天文学推算，寻找出克商的可能年代，最后加以整合，选定一个最佳年代。

首先开始研究的是丰镐遗址，这是周人建都周原岐之后的第二个都城遗址，其时间从先周到西周末。考古学家先为丰镐遗址划分了地层，然后将先周末与西周初地层的相关样品进行了AMS测年，为划定武王伐纣的年代框架打下了良好的基础。接下来便是研究琉璃河燕国墓地。这是西周贵族召公的封国，是西周最早的分封之一，在此找到了燕国第一代诸侯的墓，意义十分重大。同样，天马一曲村遗址的发现与武王伐纣也有直接的参照关系，因为这里是晋国的早期都城。

通过对上述遗址和殷墟的研究，武王伐纣的年代框架就集中在了公元前1050~前1020年这30年之间，时间误差一下子缩小了。另外，铸成于武王伐纣第8天的利簋的发现，又为确切年代的考证提供了一个重要支点。

根据前一阶段的成果，天文史学家江晓原开始具体研算当时的天象。他把史籍中的16种天象都找出来，从中选出7种可靠的、可以用于计算的天象进行推算，最终得出了一个结论：武王克商发生于公元前1044年1月9日。

但是这个结果却与其他专家通过金文排谱得出的结论不同，准确的年代应该是什么时候呢？夏商周断代工程组又委托中科院陕西天文台天文学家刘次沅对武王伐纣的天象进行验算。

刘次沅得出的结论是：武王克商是在公元前1046年1月20日。而导致得出不同结论的原因在于二人对月相词"生霸"、"死霸"的"霸"字理解不同。这个字的本意在西汉时就已失传，后人有认为"霸"指的是月亮发光的一面，也有认为是指不发光的一面。金文学家根据最新发现的几个青铜器铭文，证实"霸"字是指月亮的光面。

这时，金文历谱的研究也已近尾声，专家们排定，武王的儿子成王即位的时间是公元前1042年，但因找不到四要素俱全的武王时期青铜器，难以直接推定克商之年。后世学者对于武王克商后的在位年数虽各有说辞，但文献记述武王克商后的史事，均在四年之内。东汉学者郑玄在《诗谱·豳风谱》中提出，武王克商后在位四年。日本的《史记·周本记》上也记载武王克商后二年病，"后二年而崩"，正是四年。这个年代值与刘次沅的公元前1046年之说符合，也衔接了金文历谱的结果，同时与史料中记载的天象也基本相容，因此夏商周断代工程专家小组一致认定，武王伐纣的时间定为公元前1046年。

按照这个结果，从武王灭商到公元前771年西周结束一共是275年。但《古本竹书纪年》记载："自武王灭殷以至幽王，凡二百五十七年。"按照这个数据推算，武王伐纣的年代应为公元前1027年，而不是公元前1046年，这是怎么回事呢？仔细观察可以发现，夏商周断代工程的结果是西周总年数为275，而《古本竹书纪年》的结果是257，而如果将时间定为公元前1027年，这和武王伐纣的天象都不契合。因此可以确定，是《古本竹书纪年》的作者把275抄成了257。这说明夏商周断代工程的结果是正确的，古文献的记载也是可靠的。

在武王克商年代的确定过程中，利簋的发现意义十分重大，其铭文中记载的天象成为推算确切年代的重要依据，这就决定了利簋无可替代的历史和文化价值。

扑朔迷离的行宫宝藏之谜

清末，大清王朝已是风雨飘摇，原有的封建纲纪土崩瓦解，北京紫禁城内太监宫女偷窃文玩屡禁不止，故宫文物因而流落民间者多矣。而此时，远在天边的宿迁皂河龙王庙行宫，僧人们也屡屡盗取宫中文玩变卖，据称当时行宫旁经常有古董商人光顾，行宫中珍藏的文物也就是从这个时候开始流散和毁坏的。

大型古建筑群"龙王庙行宫"位于江苏省宿豫县皂河镇，历经康熙、雍正、乾隆、嘉庆直至清末历朝修缮、扩建，规模宏大，雄伟壮丽，气象万千，吸引了众多参观者。然而，游客们每每在赞美它壮观之余，对于该行宫的缺失都会感慨万千。天灾人祸，使这座本应堆金砌玉、满目繁华的皇家禁苑中，无数宝藏流失湮灭，让人扼腕长叹。

明清两代，一直都把河工、水运看做国家头等大事，而祭祀河神则被认为是水运畅通、御灾捍患的必要保障。在运黄两河的沿线，祭祀河神、水神、龙神的祠宇很多。但其中规模最大的则是皂河龙王庙行宫，该庙始建于明初，清以来逐代增饰。清帝多次亲临祭祀，庙中原有的匾额、碑刻、书画多出自清帝之手，各殿中供奉神祇的陈设用具，无不遵循皇帝礼制，爵、豆、觚、尊，三设六供，一应俱全。一切银器、铜器乃至瓷器、玉器均为朝廷御赐，其他的木器、雕像、石刻、清供用品，其数量之丰，工艺之精，无不流光溢彩，精巧奢丽，远非一般民间庙宇所能比肩。

随着清朝皇帝多次临幸，加上岁时祭祀封赏，龙王庙行宫的珍藏不断增多，有些在今天看来价值连城的东西，在昔日行宫中都司空见惯。据行宫中最后一任方丈戒明和尚回忆，当时各殿神祇前供奉均用铜制宣德炉，总数不下30个，按现在拍卖价格，每个宣德炉均在10万元以上。除正殿神像之外，

△ 龙王庙行宫建筑群

僧人斋舍内供奉的都是一两尺高的鎏金铜佛，这种铜佛的价格如今约在30万元左右，至于各种官窑瓷器，包括戒明在内的和尚们还俗以后，还都保留了许多，作为农家盆罐，而一件官窑青花瓷，如今卖上百万元已不是新闻了。另外像乾隆帝五次题诗的真迹，康熙、雍正所题的匾额、楹联、赞语，加上历年所接圣旨、御赐藏经计二百余件，俱由方丈亲自珍藏。

今天，站在这些金碧辉煌的殿阁楼台前，依稀还是往昔的香烟缭绕，而数百年的沧桑，已让繁华落尽，那些曾经让我们骄傲和景仰的文化遗产，那些琳琅满目的珍藏，大部分都已散布流失在一个个噩梦里，仅凭着当地老人的回忆、蛛丝马迹的线索来追寻那些扑朔迷离的宝藏遗存。

民国初年，社会动荡加剧，行宫几遭兵匪，如1929年，国民党岳继竣部队来宿镇压刀会，烧杀抢掠，肆无忌惮地抢劫走行宫中文物无数，其中一个营长还看中了龙王庙下院慈善堂中供奉的一尊大型玉佛，指示手下将其抬走，谁知抬到镇中火神庙附近，却怎么也抬不动了，镇中父老乘机求情，并说玉佛显灵了，不愿离开皂河，那军官有些害怕，只好作罢。而那玉佛一直放在火神庙里，新中国成立后火神庙一度成为文化活动中心，有人将玉佛放倒，坐在上面拉琴唱歌，后又被人掀翻到庙内池塘中。镇卫生院在此成立后，又在池塘处垫土，盖成了宿舍。

土改后，龙王庙行宫的庙产湖田全被分给农民，僧人们坐吃山空，更加变卖庙中各种文物古董，当时庙里一件红木条几，只卖2~3元钱，一把硬木太师椅还不到1元钱。庙周围的农户中至今仍保存着当年购的木器家具。

在此期间，最令人痛惜的是乾隆龙床的被毁。在临被赶出庙门的那个冬天，戒明方丈和几个小和尚到处找不到烧火的柴火了，能烧的已经烧完，总不能拆殿上的檩条吧，于是戒明只好狠狠心，亲手将龙床从后宫墙上取下（原来龙床是挂在后宫墙上的），用斧头劈开，当柴火烧锅做饭了，戒明生前每忆至此，自己也叹惜不已，据说那件龙床极其熬火，做了近十天的饭才烧完。这和后来庙里的大禹王神像的遭遇是一样的。"文化大革命"前后，神像全被摧毁，泥塑的被捣掉，石雕的被砸碎，木刻的大禹王神像也被拉下神坛，用斧头劈坏，扔到了街东村部，村部冬天开会，天冷便劈一块神像来烤火，据说一烧满屋香气，一直烤了一个冬天才烧完。

离龙王庙行宫不远的北边有两座小庙，一为佛家，供观音，称观音堂；一为道教，供天后娘娘，称惠济祠。因道姑和尼姑都是女人，老百姓便统称两个都叫奶奶庙。龙王庙行宫被粮食部门征用后，汗牛充栋的经卷、碑帖都被运到了这里存放，当时奶奶庙正殿和两屋中都被塞满，无人过问，四周的农户起初都去扯回来当手纸，因为多是宣纸，毛边纸，纸质绵软，所以很受欢迎。后来渐渐发展扯回烧锅，火旺而无烟，村民争先效仿，日久天长竟然一空，街头村老会计某人一日做账，因无演算纸，想到奶奶庙拿些经本，打算备用，可是一开门才知已是空空如也。

20世纪90年代中期，原宿迁市文化部门在着手对龙王庙行宫进行新中国成立后第二次抢修的同时，也开始了对龙王庙原始文物流失去向的追寻工作。文博人员通过开座谈会，拜访知情者，下田头进农户调查了解，取得了不少第一手资料。1997年夏，在调查过程中，一个姓蒋的民间鼓乐艺人提供了一个线索，他在附近某镇的农具厂厂长家吹喇叭时，曾看过一座铁鼎，鼎上的铭文表明这是皂河龙王庙的遗物，该厂长自称是1958年大炼钢铁时，皂河镇卖给该农具厂的。文博人员非常兴奋。须知当年龙王庙行宫的铁鼎可算是宫中一绝，它以精铁铸就，两米多高，状如玲珑宝塔，雕龙刻凤，多层飞檐、鎏金宝顶，如果真能追出下落，无论是从文物保护角度，还是行宫历史资料的研究角度，都将具有十分重大的意义。

在得到了有关部门同意后，文博人员决定正面接触该农具厂厂长。几次谈话，那厂长却一口咬定从未见过什么千斤铁鼎，并带着文博人员在厂区巡视了一番，的确不存在此物。

但是文博人员并不气馁，决定主动依靠当地的党组织，对该厂长加强国家文物法规知识的教育，经反复宣传，耐心说服，该厂长终于承认自己的确藏有龙王庙行宫的一件铁器，这是自己买断农具厂产权以后，从农具厂仓库中搬回家的。但这件铁器绝不是文博人员所说的千斤铁鼎，只是一个状如铁盆的东西，因为不认识就马虎地称之为鼎。该厂长从家中搬出此物。这是一个直径二尺左右的大型铁磬，呈盆状四壁铸有铭文，为光绪年间皂河龙王庙方丈绪铨监铸。文博人员试着敲击一下，音质悠长舒缓，非常优美，可谓保存完好。所有的文博人员都十分高兴，那厂长亲自开了卡车，运着铁磬，回到它阔别了40年的龙王庙行宫。

1983年，省市有关部门对皂河龙王庙行宫进行了新中国成立后首次大抢修，这个新闻在报端公布不久，当时的宿迁县文化部门就收到了一封来自上海闸北区的信，写信人自称新中国成立后在龙王庙行宫里做和尚，新中国成立后还俗，到上海做了一名普通工人，写信之时，已退休在家。

这名退休工人在信中讲述了这样一件事：在宿迁第二次解放的前夕（即1948年6月），当时做小和尚的他奉命和其他几位师兄弟，将庙内方丈珍藏的康熙、雍正、乾隆、嘉庆皇帝的御笔真迹、几大包圣旨和一些当时认为价值较高的字画、账本等物品全装入箱中，埋入地下。信中指证，埋藏的地点是在后大殿内楼梯拐弯处的正下方，靠墙边向里第9块砖底下，中心深度5~6

左右。

阅信后，县宣传部和文化部门大多数人都认为这是个无稽之谈。在当时的历史条件下，人们头脑中"左"的东西仍在占据相当位置；另一方面，文物意识淡漠，认为此事即使是真的也不过是一些"封建糟粕"而已。但当时有一位负责新闻科的同志却留了心，他会同了当时负责文博工作的图书馆长，一同来到实地考察。令他们失望的是，后大殿早已面目全非了。原大殿是重楼结构，但二楼被新中国成立初期粮食部门拆掉，已不存在楼梯，所以楼梯拐弯处就无从找起。另外，地面上早已铺上了厚厚的水泥层，第九块罗底砖就更无法确认。最重要的是：当时殿内满满地储存了几百吨粮食，想见到地面都不可能，更别提挖五尺六尺了。所以，他们二人只好作罢。

直到1999年，省市文保部门决定对龙王庙行宫进行第三次大规模修复，而重修后大殿也在修复计划之内。恰巧，当年在宣传部工作的那位同志已是县主要领导之一，同时负责此项工作。他回想起当年的那封信，便明确指示，在这次修复过程中，一定要多方配合，注意寻找当年能匿存的文物。

2000年夏，皂河龙王庙行宫后大殿重修工程动工，地基挖掘工作刚刚到一半的时候，工地上便传来了鼓舞人心的好消息：施工人员在东墙根处挖出一块残破石碑。文博人员在清理现场后，没发现其他物品，便指挥工人小心翼翼地将石碑抬出。

经初步研究，这是块记载着龙王庙行宫当时庙产土地情况的记事碑。这块石碑的发现对于研究龙王庙行宫的源起、经济供给、发展状况，都具有很大的意义。

然而，接下来的施工过程，却给热切期待的人们泼了盆冷水。在历时两月，深挖了近三米的地基清理过程中，文博人员及施工人员过滤普查了所有取出的土层，除了又发现大量的瓦砾、瓷片、木炭、石灰等文化层之外，可谓一无所获，令人大失所望。

事后，建筑技术人员和县博物馆同志就此事作了认真分析，他们认为：即使没有发现上海来信中所说的"御书圣旨"之类的宝藏，也不能就认定当年的上海来信是凭空捏造。根据古建工程人员分析，尽管后大殿地基挖得很宽，涉及面很广，但毕竟殿中央地面仍没动土，说不定该宝藏正是埋在殿中央了。因为不是正式挖掘文物，所以不便专门深挖。根据博物馆人员的比较和分析，发现挖出的文化层中有大量的和此殿原地面建筑相一致的砖瓦石灰等建材碎片，这说明在1957年左右，粮食部门拆掉大殿上层时，已经挖掘过殿内地下部分了。也许，那批宝藏在当时已遭厄运了。

1998年年底，与皂河镇仅一河之隔的王官集镇某村的一位田姓老人，在临终前告诉他的儿子，他当年曾是龙王庙里的守门僧人，在1948年6月，他奉命和其他几位师兄弟，将庙里的银元、银器和一部分金器收拾好，装入木箱中，埋在禅门前的大戏楼东侧。老人去世后，他的儿子立即将这一消息报告了刚刚组建的县博物馆。馆里的同志非常重视，在征得有关领导的同意后，按照田姓老人所讲述的，找到了大戏楼的墙基遗址，在向东若干米，向北若干米的位置开始挖掘，挖了不长时间，就发现了松软的土层，还有一部分可能是用来做标记的石灰粉，但接着往下挖，便空空如也，富有经验的古建筑队技术人员，经认真检查后判断：这里已经被人盗挖过了，而且盗挖的时间起码在40年以上。也就是说：很有可能是当初参与埋藏的僧人，后来偷偷地盗走了这批宝藏。

结合一部分历史事实，文博人员分析：在1948年6月，龙王庙的僧人出于对我党政策的不理解，曾窖藏金银细软和一些有价值的古玩字画等物品。在这样一个拥有上千顷良田、几十处房舍的皇家庙宇中，众多的珍藏财物不可能由某一个人单独行动，埋于某一处，而是一次多个小组分头行动窖藏的，所以导致窖藏地点线索多样且不确切。

圆明园十二兽首铜像传奇

圆明园古迹海晏堂，建于1759年。"海晏"一词取意"河清海晏，国泰民安"。《文苑英华》唐郑锡《日中有王字赋》曾提到："河清海晏，时和岁丰。"河，黄河；晏，平静。"河清海晏"也作"海晏河清"，意指黄河水流澄清，大海风平浪静。此语用以比喻天下太平，有歌颂世界和平的吉祥含义。中国皇家园林圆明园中观赏实用性建筑"海晏堂"之名也出于此。此建筑群的精华——十二生肖铜像以水报时，闻名世界。

圆明园兽首铜像，又称圆明园十二生肖铜兽首、圆明园十二生肖人身兽首铜像，为圆明园海晏堂外喷泉的一部分，是清乾隆年间的红铜铸像。1860年英法联军火烧圆明园时被劫掠到海外，现仅有少量得以收回，因此已经成为圆明园海外流失文物的象征。

一、铜像设计者

圆明园兽首铜像是清朝乾隆年间铸造的，由欧洲传教士意大利人郎世宁主持设计，法国人蒋友仁设计监修，由清宫廷匠师制作。

原本，郎世宁是要建造有西方特色的裸体女性雕塑，可是乾隆皇帝觉得这有悖中国的伦理道德，所以勒令重新设计，后来才有了这十二生肖铜像。还有一个难题就是，当时设计好后，郎世宁发现大清竟然没有一个工匠还懂得青铜器制作方法，后来他和众工匠查阅典籍，费时费力才终于造成。

二、铜像的造型与构造原理

海晏堂由正楼和后工字蓄水楼组成，是最大的一处欧式园林景观。海晏堂正楼朝西，上下各十一间，楼门左右有叠落式喷水槽，阶下为一大型喷水池，池左右呈"八"字形排列着十二生肖人身兽首铜像。一边为子鼠、寅虎、辰龙、午马、申猴、戌狗；另一边则分别为丑牛、卯兔、巳蛇、未羊、

△ 海晏堂遗址

酉鸡、亥猪。这些肖像皆兽首人身，头部为铜质，身躯为石质，中空连接喷水管，每隔一个时辰（两小时），代表该时辰的生肖像便从口中喷水，正午时分，十二生肖像口中同时涌射喷泉，蔚为奇观。

这些青铜生肖雕像高度均为50公分，雕刻精细，为清代青铜器中的精品。生肖铜像身躯为石雕穿着袍服的造型。铸造兽首所选用的材料为当时清廷精炼的红铜，外表色泽深沉、内蕴精光，历经百年而不锈蚀，堪称一绝。设计者充分考虑到中国的民俗文化，以十二生肖的坐像取代了西方喷泉设计中常用的人体雕塑。兽首为写实风格造型，铸工精细，兽首上的褶皱和绒毛等细微之处都清晰逼真。

三、铜像的流失

在第二次鸦片战争中，英法联军入侵中国，攻陷北京，将圆明园内无数珍宝劫掠一空，掠走了十二个青铜兽首，致使这批国宝流失海外。

△ 圆明园十二兽首

十二生肖兽首铜像是展现中西方文化交融的艺术珍品，在国际上具有极高的艺术价值和鉴赏价值。当年侵略军抢劫时，也是将其作为最珍贵的宝物对待的。得到它们的，也是有特殊身份的人。

四、铜像下落

目前，牛、虎、猴、猪、马5件青铜兽首已分别在2000年、2003年和2007年由爱国人士出资抢救回国，收藏于保利艺术博物馆。鼠首、兔首于2009年2月在法国佳士得拍卖行拍卖，铜龙首、蛇首、羊首、鸡首、狗首5件仍然下落不明。

鼠首

由拍卖巨头佳士得公司于2009年2月23日至25日在法国巴黎举办的"伊夫·圣罗兰与皮埃尔·贝杰珍藏"专场拍卖中现身。在2月26日的拍卖会上，以底价900万欧元亮相，最后以1400万欧元成交。当时佳士得公司并未透露买家的真实身份。3月2日，中华抢救流失海外文物专项基金会在北京召开的新闻发布会上说，中华抢救流失海外文物专项基金收藏顾问蔡铭超先生参与了此次拍卖，并成为了最后竞拍者。

牛首

20世纪80年代，中国台湾企业家蔡辰男在苏富比拍卖会上购得。2000年4月30日，中国保利集团以774.5万港元在佳士得拍卖行购得，现存放于保利艺术博物馆。

虎首

20世纪80年代，中国台湾企业家蔡辰男在苏富比拍卖会上购得。2000年5月2日，中国保利集团以1544.475万港元在苏富比拍卖行购得，现存放于保利艺术博物馆。

兔首

兔首的流失及被拍卖经历大致上与鼠首相同，两者均被蔡铭超先生拍得。但由于尚未付款，且目前仍在付款期限内，因此拍卖能否最终成交尚属未知。蔡铭超先生称："我不会付款。在当时那样的情况下，每一个中国人都会站出来，我只是尽到了自己的责任。"

龙首

下落不明。

蛇首

下落不明。

马首

20世纪80年代，中国台湾企业家蔡辰男在苏富比拍卖会上购得。2007年9月20日，全国政协常委、企业家何鸿燊博士以6910万港元的创纪录价格，成功购得并捐赠国家。

羊首

下落不明。

猴首

20世纪80年代，中国台湾企业家蔡辰男在苏富比拍卖会上购得。2000年4月30日，中国保利集团以818.5万港元在佳士得拍卖行购得，现存放于保利艺术博物馆。

鸡首

下落不明

狗首

下落不明。

猪首

唯一以公益方式回归的十二兽首铜像。2003年年初，中华抢救流失海外文物专项基金在美国寻访到猪首的下落。经过努力争取，美国收藏家同意将猪首转让给该基金。2003年9月，何鸿燊博士向该基金捐款600余万元将猪首铜像购回。其后转赠保利集团，存放在北京保利艺术博物馆供公众观赏。

五、圆明园兽首铜像的珍贵意义

圆明园兽首铜像的珍贵之处在于乾隆盛世，清王朝国力强盛，工艺水平处于巅峰，这在圆明园十二生肖兽首铜像上表现得尤其充分。

首先，它所用的铜，系专门为宫廷所炼制的合金铜，内含诸多贵重金属，与北京故宫、颐和园陈列的铜鹤等所用铜相同，颜色深沉，内蕴精光，历经风雨而不锈蚀，堪称一绝。

其次，它是由专门为皇帝服务的宫廷造办处工匠们精心制作的，铸工精整，表面还以精细的錾工刻画，铜像上动物绒毛等细微之处皆一凿一斧锻造而成，清晰逼真，鼻、眼、耳等重点部位及鼻上和颈部皱褶皆表现得十分细腻，不见一丝马虎，展现出极高的工艺水准。

更让人称道的是，十二生肖兽首铜像由中国宫廷匠师制造，而设计者是郎世宁等来自欧洲的艺术家，因此铜像既有浓郁的中国传统审美趣味，也融合了西方造型艺术的特点。

六、圆明园兽首铜像的复制与再创作

2005年1月18日，由中国集邮总公司发行的"国宝之魂"——圆明园十二生肖兽首铜像邮品正式亮相。参与设计的中华抢救流失海外文物专项基金呼吁全社会贡献力量，共促流失海外国宝的回归。

"国宝之魂"——圆明园十二生肖兽首铜像邮品由12枚邮票和4枚版卡组成。当时4件已被抢救回国的国宝均使用了实物照片，并制作了版卡，包括牛首、虎首、猴首、猪首。但另外的鼠首、兔首、龙首、蛇首、马首、羊首、鸡首和狗首八件生肖铜像，或仍流失海外，或一直未现影踪，因而在邮品中采用了由中华抢救流失海外文物专项基金参与设计的剪影图像。

"这虽说是一大遗憾，但也警醒人们：尚需通过不懈的努力，尽早让十二生肖铜像重新聚首故里。"中华抢救流失海外文物专项基金主任张永年说。

被英法联军抢掠走的圆明园十二座兽首铜像被北京一家老字号文物复制机构汲古阁复制成功，2007年在琉璃厂集体展出。当时下落不明的龙、蛇、羊、鸡、狗5座铜像，也经专家多方查找资料而完成复制。

当时，流失海外140多年的十二生肖铜像中，有4座藏于保利博物馆，2座在法国，马首由中国台湾收藏家收藏，并将由香港苏富比拍卖。剩下的5座铜像，则下落不明。

负责本次复制的汲古阁负责人李连祥介绍，这次文物复制是汲古阁几十年来最艰难的一次复制，因为没有原件可以参考。为了最大程度接近原作，工作人员参考了圆明园以及铜像设计者郎世宁的绘画等艺术作品、清朝具有代表性的雕塑品，"揣摩那个时代的雕塑风格和审美观"。

李连祥承认，没有原件做参考和比照，无论复制品做得多么好，都会有缺憾。据李连祥介绍，复制工作从2005年开始，5座没有原件参照的铜像花去了大半时间，"龙首铜像难度最大，设计方案改了5次，用了半年时间才做出来。"

本次复制与原作使用的材质不同，原作为铜质，复制品为陶瓷上绿釉。龙、蛇、羊、鸡、狗5座铜像与其他铜像造型风格一致，均造型简单、线条流畅。李连祥感慨地说："神态相符，这就说明复制的成功和水平。"

2008年11月6日，在第九届中国工艺美术大师作品暨国际艺术精品博览会上，有一组震撼人心的熔铜作品在展会上首次展现给世人。

中国熔铜艺术领域唯一的"中国工艺美术大师"朱炳仁展示的5尊失踪的圆明园国宝艺术作品成为展会上的焦点。熔铜兽首雕像，苍茫残蚀、各异形态：或张目昂首、或悲情扭曲，似在诉说、在控诉，在凝结、在祈盼。艺术地真实再现了国宝的历史变迁，表达了中华民族悲愤雪耻之情。

中国领海下的宝藏探秘

一、西沙群岛海域发现古代沉船

1998年夏天，在宁静炽热阳光下行驶的"琼海00389"号船拖着一只小艇，艇后漂浮的水手通过水镜仔细向海下搜寻。忽然，几座石雕吸引了他的目光，仔细一看，是一只整服威仪的文官雕像，头部已断落，颈上长着一株珊瑚，旁边还卧着一头石狮。他兴奋地抬手击水发出信号，在船上焦急守候的人顿时来了情绪，并有序地投入到水下录像、测绘、打捞遗物等工作中。这是探访西沙群岛水下文物的一个细节。

中国水下考古者认为，目前中国水下考古的主要任务是重现久已消失的海上丝绸之路，而寻觅西沙群岛的水下遗物尤其是沉船遗址，是再现海上丝绸之路的一个重要途径。1975年，广东省考古工作者在西沙北礁调查时发现了为数不少的唐代青釉罐和青釉碗，便是当时沉船遗留下的物证。宋元明时期，西沙群岛的暗礁仍是阻碍频繁往返的中外船只一道天然屏障。根据明朝郑和七下西洋的示意图，每次都由南京出发经福建、台湾海峡、南海至越南南部，西沙群岛正是这条主航路的必经之地。这里曾经挡住了多少航船的去路，无人知晓。

二、辽宁绥中水下发现满载元代瓷器和铁器的商船

中国海上丝路，也即中国古代的航海活动及航海贸易大致有两个方向：一是由今广西、广东、福建及浙江一带的港口出发，面向东南亚、南亚乃至西亚；二是由渤海湾及东部沿海港口出发，至朝鲜半岛、日本列岛。辽宁省绥中县三道岗海域元代沉船遗址属于第二条航线。1991年7月，绥中县大南铺村的渔民在捕鱼时打捞出一批古代瓷器，县文物管理所闻讯后征集到584件，初步鉴定为元代磁州窑的产品。历史博物馆水下考古研究室接到消息后随即

赶赴打捞出瓷器的地点进行第一次水下考古调查，初步断定为一沉船遗址，并拉开了绥中三道岗元代沉船水下考古调查的序幕。

寻找辽宁绥中水下沉船遗址时，检测到一号点水深11.1米，水下有大致呈南北向条形物，长约25米，宽约5米，类似于船体结构。该海域水下地貌复杂，有三道大的沙岗，只有在涌大潮时才露出水面。其他小沙岗星罗棋布，形似暗礁，对来往船只形成很大威胁。遗址中的沉船是一艘满载元代磁州窑瓷器和铁器的商船。船长约21米，宽约6米，船体已被小虫吃掉，只剩下船体中和散落在周围的大量元代铁器和瓷器。从残存情况观察，原来船舱内是将铁器置于下层，瓷器覆盖在上面，故散落在周围的主要是瓷器。瓷器大部分是磁州窑的典型器物，并不乏龙凤罐婴戏罐一类精品；也有纯白釉的梅瓶，仿建窑的黑釉瓷器和绿釉瓷。现在散落的瓷器已大都打捞出水，已完整的磁州窑瓷器就有一千余件。根据资料对比，可推断装运的瓷器产于磁县观台窑。同船铁器很可能与瓷器产自同一地区，因磁县在宋元时期也是全国主要的冶铁地点之一，但经过七百余年的海水浸泡，铁器已被锈蚀结成大块。根据沉船现存主体的体积推测，这条船的载重量应在一百吨左右，而沉船的确切年代应是元代晚期。

三、外国公司希望与中国共同发掘

在海上丝路这条上下千年、连贯亚非欧大陆的古老航道下，隐藏着不同文化相互交流的见证。1972年，在珠海市三灶岛草堂湾发现一条古沉船，当地村民多次潜入沉船探摸，发现舱内有香果和槟榔，香果药味很浓，估计是唐代阿拉伯国家的商船。船木经C14测定，结论为稍早于唐代。1987年8月，交通部广州海难救捞局与英国海洋探测公司合作在广东省台山县川山岛附近海面进行探测作业时，发现了一艘南宋到元代的沉船，并打捞出了二百多件宋元瓷器，还有银锭、铜钱、锡壶和镀金腰带等物，进而推测沉船是一艘来自南亚或西亚的外国船，来到中国的东南沿海地区进行贸易活动。在满载一船中国货物返航时，在此遇海难而覆灭。欧洲人的地理大发现，带来了东西贸易的新时代，同时也增加了中国海域的西方沉船数量。法国CMAX公司和瑞典东印度公司基金会等机构都掌握了不少有关沉没于中国海域的西方商船

△ 从南海1号沉船中打捞出的部分文物

的背景资料，并提出与中国共同进行水下考古发掘。据中国专家估计，在数以千计的沉船中，外国沉船大约占30%。

四、有望找到世界上最古老的沉船

距今约5000年前，山东大汶口文化影响到辽东半岛，同时山东半岛也发现了辽东半岛文化类型器物。距今4000年前，山东半岛的龙山文化扩展到辽东半岛沿海地区。值得注意的是，来自山东半岛的大汶口文化和龙山文化仅见于辽南，不见于渤海北部其他地区。这表明辽东、山东两半岛的先民不是绕道渤海西岸，而是越过老铁山海峡直接往来的。20世纪60年代，当地渔民曾在山东长山列岛的南五岛与北五岛之间的矶岛附近的海域中，打捞出完整的岳石文化时期的陶罐，陶器表面布满沉积在上面的细小海生生物遗骸，可以肯定曾长久淹没在海水中。由于器物完整，可推测当时随沉船而落入海底的。岳石文化距今4000年左右，如果这里有岳石文化的沉船，那将是现今世界最古老的沉船。1979年，在山东庙岛群岛黑山岛附近的海域找到了汉代遗物，又在庙岛西海塘近岸处的海底，发现了数片龙山文化和岳石文化的陶片，当然还有一些明清时期的青花瓷器。这些零星的发现，虽然不属于沉船遗迹的范畴，但至少提高了这一带海域中存在岳石文化乃至龙山文化沉船的可能性。

五、元宋大战为南海遗留了数以千计的沉船

1278—1279年，宋元军队在海上先后进行了甲子门海战、十字门（今珠海横琴岛与澳门三岛间的狭窄海道）海战，最后对崖门海战，宋军被元军包围，2000多战船只逃脱800艘，大多数全部覆灭。南宋宰相陆秀夫背负幼帝在临海的奇石上跳海自尽，南宋王朝遂告灭亡。

1991—1992年，中国水下考古队员曾先后三次在银洲湖进行水下调查。在第二次调查时使用旁侧声纳对奇石周围的海域进行寻找，确定了几个沉船点。第三次调查时，则在这些地点潜水取了一块船板，C14测定，年代为距今700年左右，正与史书所载的宋元海战年代基本相符。

台风、暗礁等自然灾害曾使那些漂泊的商船沉睡海底，战争等人为因素又增添了无数水下遗迹。据专家估计，在中国沿海有不少于3000艘的古代沉船。然限于人手和财力，目前已着手挖掘的古船遗址尚不足沉船总数的百分之一。

中国领海疆域辽阔，5000年华夏民族创造了无比灿烂的人类文明。由于中国所处的地理位置及其辉煌无比的古代文化艺术与外交活动，各种原因而消失在领海内的宝藏，简直让人无法评估！作为中国人，我们期待着民族骄傲与自豪的历史记录早日浮出水面！

房山石经之谜

房山石经是佛教石经中规模最大、历史最久的文化珍品，存于北京房山县云居寺石经山。石经山高约500米，分上下二层开凿九洞。下层二洞，自南而北为第一、二洞；上层七洞，以雷音洞为中心，右面为第三、四洞，雷音洞为第五洞，左面顺次为第六、七、八、九洞。九洞之中以雷音洞开凿最早，其余八洞在储满石经后即以石塞户熔铁锢封。至辽金时，又于山下云居寺西南隅开辟地穴二处，埋藏石经后合而为一，其上建压经塔镇之。

僧人们为什么想到要把佛经刻在石头上呢？这要从北魏太武帝年间（440～451）和北周武帝年间（572～578）两次大规模的灭佛运动说起。这两场空前绝后的活动，使大量的佛寺被摧毁、僧徒被诛除、经卷被焚毁，堪称佛教界的"法难"。法难过后，北齐南岳天台宗高僧慧思为保立法不毁，想出了把佛经刻在石头上的办法。但是，慧思在世时未能将这个想法付诸实施，他的遗愿被门徒幽州智泉寺隋静琬继承开来。据唐高宗永徽年间（650～655）的《冥报记》中记载：605年，静琬来到范阳县的白带山下（今房山区内）磨石刻经，从此绵延千载的房山石经刊刻事业开始了。

639年（唐贞观十三年），静琬刻完《涅槃经》后圆寂。据考证，静琬除《涅槃经》外，还有贞观八年所刻《华严经》，以及《维摩经》、《胜鬘经》等经石146块。此后，其弟子导公、仪公、暹公和法公等四人继承了刻经事业。唐开元年间，静琬的第四代弟子惠暹得到了帝室的支持，在雷音洞下辟新堂两口（即今第一、二洞），镌刻石经。中晚唐时期，在当地官吏的支持和佛徒的施助下，又先后刻有石经100余部，经石4000多块，分藏于9个石洞。唐末五代战乱时期，石经的刻造曾一度停顿，至辽代才继续镌刻。据1058年（清宁四年）赵遵仁《续镌成四大部经成就碑记》载，自太平七年

（1027）至清宁三年，有续镌造《般若经》80卷，计碑240块；刻《大宝积经》1部120卷，计碑360块。这些统计数据只是针对般若、宝积两大部经而言，实际上依石经拓片题记看，仅道宗自清宁二年至大安九年（1093）的30余年间

△ 房山石经

所刻石经，就有161部，656卷，经石（缺佚除外）约1084块。

此后，僧通理继续刻有佛经44帙，小碑4080片。1118年，其门人善锐、善定在云居寺西南角穿地为穴，将道宗和通理所刻石经埋藏其中，并造压经塔以镇之。其后通理弟子善伏等又有续刻。天会十四年有燕京圆福寺僧见嵩续刻《大都王经》10卷（1帙）；天眷元年至皇统九年（1138~1149）间，有奉圣州（今河北涿鹿）保宁寺僧玄英暨弟子史君庆、刘庆余等续刻密宗经典39帙；皇统九年至明昌初年（1149~1190）续刻阿含等20帙。此外，《金刚摧碎陀罗尼经》、《大藏教诸佛菩萨名号集》、《释教最上乘秘密藏陀罗尼集》等为不知名者所刻。

到了金代，所刻石经除《大教王经》藏于东峰第三洞外，其余都埋在压经塔下的地穴内。至明万历、天启、崇祯年间，吴兴沙门真诚劝募在京当官的居士葛一龙、董其昌等续刻石经。原计划有《四十华严》、《法宝坛经》、《宝云经》、《佛遗教经》、《四十二章经》、《大方广总持宝光明经》、《梵网经》、《阿弥陀经》等十余种，但由于原有石洞均已藏满封闭，故另在雷音洞左面新开一小洞，将所刻经碑藏入，俗称"宝藏洞"，即第六洞。至此，云居寺的石经刻造宣告结束，共刻佛经1122部3572卷于14278块石板之上。这些石经，世称"房山云居寺石刻佛教大藏经"，简称"房山石经"。

房山石经所刻佛经为历代善本佛经，包含了佛经的经典要著，可以校正存世佛经的错讹。房山石经还保存了一批久已遗失的佛教典籍，如中国唐代的密宗经籍已遗失无存，而1147年刻成的唐密宗佛经《释教最上乘秘密藏陀罗尼集》，就为唐代密宗传世保留了贵重文献。这部经文不仅集密藏陀罗尼之大成，而且是研究唐代中印度音韵学的宝贵资料。

另外，房山石经大多附有题记，成为研究中国古代历史、政治、经济、文化乃至一些风俗习惯的宝贵资料。不仅如此，在研究历代书法、雕刻、文化演变等方面，房山石经也为世人提供了可靠的实物根据。自明清以来，房山石经就已经引起学者注意。明代周忱，清代查礼、石景芬、叶昌炽等的游记和著述中，都曾介绍它的价值。这些经碑，对校勘木刻经本的错讹，是可贵的实物依据，同时也是研究古代金石、书法艺术发展的重要资料。

1956年，适逢纪念释迦牟尼佛涅槃2500周年，中国佛教协会以发掘拓印房山石经作为纪念的献礼，房山石经的整理工作由此展开。"文化大革命"时期，一切工作陷于停顿，1975年以后重新开始，并于1985年成立了"房山石经编辑委员会小组"从事编辑影印出版。

其中，雷音洞是工作组清理的第一个对象，这是9个洞穴中唯一为开放式的，一度作为法事活动的场所。经历一千多年的风雨，洞内残破不堪，原本镶嵌在四壁的石经板有18块已经碎裂，散落在地上；迎面洞壁的一块经板上胡乱的刻着"到此一游"四个字；洞口处竟然用经板的碎片垒起来一个临时的土坑，破坏现象非常严重。面对这样的情况，工作组非常痛心，他们请来了最好的工匠，把18块残经一一拼接好重新镶嵌在洞壁上。佛教协会会长黄炳章还传达了一个命令：凡是在山上发现的残碑残石，无论大小，只要上面刻有文字的一律编号、拓印，一件都不能少。后来，凭着这些拼接起来的残片内容，学者们找到了探索整个房山石经的线索。并且得知，《涅槃经》才是房山石经的首部；纠正了过去一直认为《华严经》是静琬所刻的第一部经的记载。

其余8个藏经洞尽管也经历了山泉和风沙的侵袭，但石经板依然保存完好。经过清洗，这些打磨过的石料光可鉴人。对山上石刻经的清理、拓印工作整整进行了两年，考虑到保护石经山文物的原始面貌，工作人员将山上的石刻经按照原来的位置重新放回洞中，重新封好石门。

真正的挖掘是在1957年夏天进行的，工作人员在山下云居寺内已被炸毁的南塔塔基找到了地穴的所在，地穴南北长109米，东西宽10米，深5米，四边筑有围墙，穴内分大小不等的两室，摆满了一摞摞一层层辽金时期的经板。地穴石经的拓印工作用了一年的时间才完成，文物局还拨款建了库房以及出土的10082块石经。

这一万余块石刻经包含着丰富的历史信息，每篇经末的题记都注有布施人、布施钱财的数量、要求刻经的篇目和刻经的目的，布施人中有皇帝、大臣，也有商业行会和平民百姓，这对了解当时的风土人情和社会风貌都有重要作用。另据史料记载，石经山上还应有一座名为"孔雀洞"的藏经洞，但目前还未发现。专家推测，那些与文献数据不符、在已出土的石刻经中找不到的石经板很可能就藏身于孔雀洞。

总之，房山石经的价值是多方面的，在金石书法、政治历史、社会经济、文化艺术各个方面都蕴藏着极为丰富的历史资料。

《虢国夫人游春图》之谜

　　《虢国夫人游春图》是盛唐画家张萱描写天宝年间杨氏姐妹奢华生活的一个片段，现存《虢国夫人游春图》为宋代摹本，绢本设色，纵52厘米，横148厘米。张萱生活在唐代最繁荣又是开始转向衰落的时代，这一时期是我国古代文化史上的一个高峰，同时，以唐玄宗与杨贵妃为首的封建统治集团的荒淫骄纵也达到了无以复加的地步，有大诗人杜甫的《丽人行》为证：

　　"三月三日天气新，长安水边多丽人，态浓意远淑且真，肌理细腻骨肉匀。绣罗衣裳照暮春，蹙金孔雀银麒麟。头上何所有？翠为锰叶垂鬓唇；背后何所见？珠压腰极稳称身。就中云幕椒房亲，赐名大国虢与秦。紫驼之峰出翠釜，水精之盘行素鳞。犀箸厌饫久未下，鸾刀缕切空纷纶。黄门飞鞚不动尘，御厨络绎送八珍。萧鼓哀吟感鬼神，宾从杂遝实要津。后来鞍马何逡巡！当轩下马入锦茵。杨花雪落覆白蘋，青鸟飞去衔红巾。炙手可热势绝伦，慎莫近前丞相嗔。"

　　《旧唐书》五十一卷《杨贵妃传》中也有对杨氏姐妹的记载："杨贵妃……有姊三人，皆有才貌，玄宗并封国夫人之号，长曰大姨，封韩国，三姨封虢国，八姨封秦国，并承恩泽，出入宫廷，势倾天下……三夫人岁给钱千贯，为脂粉之姿……"

　　杜甫的诗和《旧唐书》中的记载完全是对当时社会现实的描写：李隆基取得帝位后，在政治上骄侈，生活上专宠杨贵妃，"君王从此不早朝"，国家大事都交由奸相、宦官掌握，杨家姐妹显赫一时，每年由皇室赐给的脂粉费用就高达千贯，过着极度奢侈腐朽的生活。天宝十一载，杨国忠做了右丞相，杨氏姐妹声势更为显赫，虢国夫人和杨国忠比邻而居，姐妹三人常和国忠并辔骑马入朝，平民不敢正视。

△ 虢国夫人游春图

《虢国夫人游春图》的主题就是虢国夫人游春情景的真实写照。图中，一个中年太监骑浅黄色骏马前行，戴乌纱冠，衣物上的驾凤团花，做工极为精细。其后是一位乘菊花青马的少女，乌黑的头发左右分开，梳成两个发髻，着胭脂红窄袖衫下衬红花白锦裙，动作栩栩如生。在少女左略后又一乘黑色骏马的中年太监随行。后面是并排而行的两骑雄健骅骝，其中右边的女子双手握缰，脸庞丰润，是淡扫娥月不施脂粉的本来面目，表情凝重而有些蕴藉的意味，鬓发浓黑如漆，身着淡青窄袖上衣，下着胭脂描金花团裙。在其右面的女子，装束如出一辙，侧面似有所语。最后为后卫三骑，居中的年纪较大，神态矜持，怀中幼女态度安详。整幅画中人物风姿绰约而又豪华耀眼。

此图虽名为游春，但画面背景一片空灵，没有任何鲜花、草木，只是通过画面人物从容前往的神态、轻薄艳丽的服饰、骏马缓行的优美姿态等，让人体验到春和景明、鸟语花香的气息。虚实相映，画面在突出主题的同时又给观者以极大的想象余地，将虢国夫人的奢侈放荡生活表现得细致入微，也体现出了作者的非凡才能和高超艺术修养及其敏锐的观察力。

现存的《虢国夫人游春图》是北宋年间临摹的，因其卷前有金代章宗完颜璟的瘦金体楷书"天水摹张萱虢国夫人游春图"题签（"天水"即宋徽宗赵佶），所以有专家认为，该画作是宋徽宗被俘到五国城（现黑龙江省依兰县境内）后所制。然而，鉴赏家杨仁恺先生考证后认为，该画作上没有"御制"、"御书"、"御画"等宋徽宗的款识、押印，并且人物画并非宋徽宗所长。因此该画作应为当时画院高手临摹、复制，而非宋徽宗。

但是，图中人物究竟哪个是主角虢国夫人呢？据史料记载，杨氏姐妹三人当中，"虢国夫人"最为放荡不羁，经常骑着宫中御马，带着英俊青年侍从出行。安史之乱中，杨玉环被缢死在马嵬坡后，"虢国夫人"见大势已去，落荒而逃，追兵将至之时，她将五六岁的女儿扼杀，然后自尽身亡。但《虢国夫人游春图》中，人物穿着豪华，主仆难辨。因此，关于画中人物哪个是虢国夫人，多年来一直争持不下。

有人认为，队列最前面穿男装的是"虢国夫人"；有人认为，队伍最后一列3人中，抱女孩的中年妇人是"虢国夫人"；也有人认为，行列中间的某个艳妆少妇是"虢国夫人"。这些观点有一个共同的依据："虢国夫人"骑着当时名贵的三花马。

杨仁恺先生比较认同第三种观点，他认为，从出行仪仗看，主人不可能走在最前面。抱女孩的中年妇人已经人老珠黄，毫无贵夫人气质风度，并且位于队尾，也不可能是虢国夫人。根据敦煌壁画《张仪潮出行图》，以及历代帝王《卤簿图》描绘，都是主骑中间偏后，前有开道的，后有垫队的，这点已成封建定制。所以，中间并骑贵妇中，应有一人是"虢国夫人"。

另有专家表示：盛唐时代贵夫人，往往在脸上涂抹厚脂粉浓妆，而"虢国夫人"个性鲜明，"却嫌脂粉污颜色，淡扫蛾眉朝至尊"，从不施浓妆，即使见皇上也不浓妆艳抹。据此，《虢国夫人游春图》中处于中心位置、身穿蓝衣粉红裙的妇人，淡扫蛾眉不施脂粉，面容肌肤端庄丰腴，眼神旁若无人，微闭朱唇，显露出雍容的主人身份。而且她蓝衣粉红裙，配上白色披巾，时装简约而飘逸；裙上描金团花图案和鞋上饰品，显示出着装华美；其马上鞍具朴实无华，透露出主人喜欢自然的个性，应为"虢国夫人"无疑。另外，与之并行、眼睛看着"虢国夫人"的妇人，神情老成多谋，应该是"虢国夫人"的姐姐"韩国夫人"；紧随其后的是宫女、侍母、侍从官，骑三花马的侍母怀抱的女孩，便是"虢国夫人"的女儿；而前面的则是引导官。整个游春阵容，主仆的坐骑都是宫中骏马，队伍等级分明、次序谨严，突出了主人的尊贵身份、豪华气派。

《虢国夫人游春图》的原作早已失传，但在北宋内府《宣和画谱》中，却著录着唐代张萱的《虢国夫人游春图》。12世纪初的北宋宋徽宗时代，画院兴盛，使宫廷绘画再次出现高峰。当时一位没能留下姓名的画院画家，精心临摹绘制了现存的这幅《虢国夫人游春图》，保持了唐代张萱原作的面貌和神采，还糅合了北宋画院雅致、飘逸、明快的绘画风格，成为融合唐、宋两代宫廷绘画的稀世杰作。

1127年，时值北宋"靖康之难"之际，《虢国夫人游春图》与宋徽宗、钦宗一道，被金人掠到北方。六七十年后，《虢国夫人游春图》又以交换方式回到南宋，相继为宰相史弥远、贾似道收藏。贾似道将《虢国夫人游春图》带回了福建老家珍藏。

到清朝末代时，爱新觉罗·溥仪在逊位之后的11年中，受到"清室优待条件"的庇护，从1922年起，利用两名弟弟每天上午陪读的机会，以"赏赐"为名，将字画、古籍等珍贵文物藏在包袱里，由他的弟弟们每天下学时运出紫禁城，存放在天津英租界的楼房里，打算以此作为留学国外的资产，这些稀世文物竟多达1200余件。

1945年8月17日，原本打算出逃日本的溥仪在沈阳东塔机场被俘，他随身携带的书法名画和一批珠宝玉翠也被缴获，交付辽宁省博物馆前身东北博物馆，《虢国夫人游春图》便在其中，现已成为辽博的"镇馆之宝"。

1988年11月，鸭形盉出土于河南省平顶山薛庄镇泄阳岭一带的应国贵族墓地。

鸭形盉整体酷似水鸭，鸭背上开口，上面加盖；以鸭腹为器身，腹下铸柱状足；鸭首做盉的流，相当于壶嘴，鸭尾作鋬，类似于壶把儿。鋬上站立一小铜人，以其手足将器身与器盖巧妙地连为一体。盖沿与口下饰长尾凤鸟纹一周，尤为引人注目的是盖内有阴刻铭文43字，笔画均匀，字迹清晰。

铭文记述应国使者"匍"到氏这个地方探访邢国的国君邢公，邢公派一名叫艮的官员会见了他，并赠送给他一些礼物——其中包括当时价格不菲的纯铜。后来匍用邢公所赐的铜做了这件盉，以作纪念。

根据这段铭文，人们可以知道这件鸭形盉的来历，可是为何用当时非常珍贵的纯铜制成这种造型源于水鸭或称飞凫的鸭形盉呢？难道这种动物有什么特殊的意义吗？看来，我们还要对鸭形盉器盖内的5行44个字的铭文细细研究一下，看看是否可以找到答案。让我们根据鸭形盉中的铭文记载一起回到3000多年前，看一段有关它铸造的传说。

鸭形盉铸造于西周穆王时期一个叫应国的小国。应国当时国小力微，加上南边的楚国不断闹事滋扰，为了保全自己，应侯决定派团出使北边的邢国以寻求支持。可是，当时应、邢两国一直都是井水不犯河水，关系并不友好，第一次出使绝非易事，所以，由谁来带团出使邢国，便成了摆在应国侯面前的一大难题。

相传，应国有位匍将军，当差多年却一直未能升迁，就快退休了，他突然萌生了一个念头，想要效仿圣贤周游列国，出国去看看。见应侯准备派人出使邢国，匍将军便毛遂自荐，他说自己是西周当朝相国匍侯的远房族亲。

△ 鸭形盉

就这样，匍将军就在次年四月戊申这天率使团来到了邢国的氏。氏是邢国的都城。在这里，匍将军会见了邢国特使艮。因为早就知道应国使臣是当朝相国的亲戚，邢国特使自然不敢怠慢。会见结束后，双方互赠了礼物。鉴于匍将军与当朝相国的关系特殊，邢国侯还另外赏赐给匍将军一些鹿皮服饰和30斤纯铜等作为私人礼物。

本文的故事应该到这里才真正开始，如果说以上的传说还有铭文来做某些方面的证明，那么下面的传奇故事则有些离奇了。据民间传说，匍将军圆满地完成了出使任务，兴冲冲地回国去了。谁知道在半路上却遇到了山洪暴发，眼看性命不保之际，却突然从天边飞来了几只巨大的飞凫。它们伏在地上，示意匍将军等人快点上来。匍将军又惊又喜，急忙指挥众人赶紧爬到飞凫背上。尽管是在慌乱之中，匍将军也没有忘记邢国侯赠送的礼物，这些礼物也被搬上了飞凫。飞凫驮着匍将军等一行人向南飞去。一直飞到了一座美丽的小山之上。匍将军等人得救了！飞凫放下匍将军等人，就匆匆地飞走了。据说，就是因为这个原因，匍将军感念飞凫的恩情，所以就用邢侯所赠的纯铜制成一个凫形的宝尊彝，并把出使邢国和接受礼品的事情铭刻其上，以资纪念。关于那座小山，相传就在河南泄阳附近，据说在现今平顶山市的附近就有一座名为落凫山的小山。

故事毕竟是故事，只能作为历史的一个补充与参考，那么鸭形盉铸造的真正历史背景是什么呢？看来，还需要专家来解答这个问题。据专家考证，出土鸭形盉的贵族墓地的等级大致相当于卿大夫一级。而在此出土的鸭形盉，正好对应了史书《仪礼·士相见礼》所载："下大夫相见以肝雁，……上大夫相见以羔。"也就是说，在中国古代，上大夫相见时的礼仪是互赠羊羔，下大夫则用雁，而当时所说的雁，一般为舒雁，包括鹅类的水鸟。看来，鸭形盉是根据西周严格的等级制度所制造，像匍这种卿大夫一级的贵族，只能用鸭、鹅之类造型的器物。由此可见这件鸭形盉不仅是一件精美的艺术品，也是研究西周时期礼仪制度的实物资料。

如此简单的答案似乎并没有我们所想象的精彩，但历史毕竟是历史，也许，在若干年后，关于这个答案、这段历史还会出现更多的解释也很有可能。那么，就让我们一同期待更多精彩……

大报恩寺珍宝传奇

　　大报恩寺位于江苏南京中华门外雨花路东侧秦淮河畔长干里，是明朝永乐皇帝（朱棣）传说为纪念其生母，在1412~1451年期间兴建的一组规模庞大，有如宫殿般金碧辉煌的建筑群。其中有一座唯一被史料记载的琉璃宝塔，因为美丽和荣耀，被世人称作中世纪世界七大奇观之一。这座南京最古老的皇家寺庙，历经沧桑，见证了数代王朝的兴衰荣辱。

　　金陵大报恩寺究竟因何而建，经历过多少次的劫难，最后又如何毁灭？奢华的背后，究竟具有多少艺术价值，究竟拥有多少奇珍异宝？

　　一、拥有世界奇观的皇家寺院

　　南京，十朝都会。

　　出中华门，经长干桥过秦淮河，到南京晨光机器厂（原金陵机器局），是一片低矮的楼房连绵而成的居民区，南京晨光厂的大门口立着一块路牌，"三藏殿后街"。沿着路牌所指往北，一头钻进那片居民区，蓝底白字的门牌上写着："北山门"、"宝塔根"、"宝塔山"……"这里就是大报恩寺。"几个站在墙边享受午后阳光的老人很肯定地说。

　　"这里是南朝寺庙的发祥地。"有位老人对包括大报恩寺在内的南京城南地区似乎极为熟悉，"贯穿城市东西的秦淮河从孙吴以来就是居民密集、商业繁荣的精华所在。"

　　从孙吴建都开始，南京经历了东晋、宋、齐、梁、陈、南唐、明、太平天国以及中华民国10个朝代，故称"十朝都会"，金陵大报恩寺也伴随南京走过了漫长的岁月。

　　据史料记载，"南朝四百八十寺，多少楼台烟雨中"的起源就是金陵大报恩寺。金陵大报恩寺的历史从孙吴开始，原址曾是建于240年的长干寺及阿育王塔，该寺历经东晋、南朝、隋唐，一直沿用。南唐时期，寺址一度沦为军营庐舍。北宋时再度复兴，988年，僧可政于终南山得唐三藏玄奘大师的顶骨舍利，在长干寺建塔收藏。1017年，长干寺改称天禧寺，寺塔易名"圣感"。1288年，诏改天禧寺为"元兴慈恩旌忠教寺"。到明代初年，该寺的历史已达千年。

明洪武来年，工部侍郎黄立恭奏请重建，费金25000两。1408年，寺塔全毁于火。1412年，明成祖朱棣敕工部于原址重建，在正史上，朱棣重建大报恩寺目的是为了报答父亲朱元璋和马皇后的养育之恩，但传说却有不同的解释：一说为纪念生母。传说朱棣的母亲是一个高丽（今朝鲜）美女。因为朱棣未足月就被生下来，所以心狠手辣的朱元璋将她处以"铁裙"之刑，活活折磨而死。朱棣当上皇帝后，以借纪念朱元璋和马皇后的名义来兴建寺塔，其实是为了纪念他生身的母亲；另一说为纪念侄子朱允炆。朱棣皇位坐稳后，觉得愧对被自己杀死的侄子朱允炆。因为自己起兵造反后，朱允炆曾下过一道诏命，要求临阵诸将"毋使朕负杀叔父名"，正因有了此令，朱棣才能屡战屡败后依然东山再起，最后逼得侄儿葬身火海。为减轻自己的罪过，他诏令工部"依大内图武，造九级五色琉璃塔，曰第一塔，寺曰大报恩寺"。大报恩寺的修造，由郑和等人担任监工官。大报恩寺在永乐、宣德年间建造，正值郑和率领下西洋船队多次远洋海外之时，因而，郑和对这项工程难以全力照顾，工程进展缓慢，弊端展现。为此，1428年，明宣宗朱瞻基特下御敕，要此时已出洋回国任南京守备的郑和"即将未完处，用心提督"，限期完工。竣工以后，郑和还特将其从海外带回的"五谷树"、"婆罗树"等奇花异木种植在寺内。

大报恩寺的营建工程浩大，尤以琉璃塔为艰。据有关史料统计，这一工程先后历时16年，动用全国征集的良匠军工达10万人，仅建塔一项的费用，就用钱粮2485484两银，连郑和下西洋所剩百余万银两也耗于造塔的工程。

大报恩寺坐东向西，全寺整体建筑分为南北两大部分，寺庙主体部分（山门、佛殿、琉璃塔等）居北半部，附属部分（僧房、禅堂、藏经殿等）居南半部，南北两部分之间由围墙隔开。

大报恩寺北半部主体建筑中轴线布局排列有序：山门（金刚殿）—香水河桥—天王殿—大雄宝殿—琉璃塔—观音殿—法堂。香水河桥的南北两侧各置御碑亭一座，分别护于"御制大报恩寺左碑"和"御制大报恩寺右碑"。观音殿的两侧有祖师殿和伽蓝殿，观音殿后南北有画室118间。在祖师殿前有钟楼一座，而与之对称的伽蓝殿前却无鼓楼，按中国寺庙传统的"晨钟暮鼓"及建筑式样，大报恩寺内设钟楼而不设鼓楼现象较为少见。

大报恩寺临近秦淮河，地质稍软。在全寺建造之初，先竖木桩，纵火焚烧化为灰烬，再用重器压实，"上铺朱砂，取其避湿杀虫"。全部建筑除琉璃塔外，以四天王殿及大殿最为壮丽，下墙石坛栏檐，均用白石，雕镂工致。明初诏刻大藏，别置藏经殿，贮南藏经版全部。

而最让人惊叹的也要数那座琉璃塔了。据史料记载，该塔九层八面，高达78.2米，甚至数十里外长江上也可望见。塔身白瓷贴面，拱门琉璃门。门框饰有狮子、白象、飞羊等佛教题材的五色琉璃砖。刹顶镶嵌金银珠宝。角梁下悬挂风铃152只，日夜作响，声闻数里。自建成之日起就点燃长明塔灯140盏，每天耗油64斤，金碧辉煌，昼夜通明。

明代初年至清代前期，大报恩寺琉璃宝塔作为南京最具特色的标志性建筑物，被称为"天下第一塔"，更有"中国之大古董，永乐之大窑器"之誉，是当时中外人士游历金陵的必到之处。一些欧洲商人、游客和传教士相继来到南京，口碑相传，西方很多人都知道"南京瓷塔"，将它与罗马大剧场、亚历山大古城、比萨斜塔相媲美，称之为中世纪世界七大奇观之一。

二、镇寺之宝散落何方

大报恩寺建成后，几经劫难。1566年遭雷火袭击，天王殿、大殿、观音殿、画廊140余间焚为灰烬；1600年塔心木腐朽，塔顶倾斜，僧人洪恩募捐银数千两使之得以重修；清顺治十八年以后，内府及地方均有拨款修缮记载，最后一次是1802年修复竣工后，绘塔图并附志。

1842年8月29日，中国近代史上第一个不平等条约《南京条约》在英军"康华丽"号军舰上签订，中国进入有史以来最黑暗和耻辱的年代，身在南京的大报恩寺塔也开始走向覆灭之路。先是入侵的英军，他们疯狂地剥取塔身的琉璃瓷砖，大量盗取塔内供奉的金佛。1842年9月30日，英国军舰满载着他们从大报恩寺塔上掠夺的文物扬长而去。虽然在僧人的抗议下，英方作出了一点赔偿，但连他们自己都承认"这笔钱远远低于实际损害的价值"。大报恩寺塔遭此重创，再也没有了往昔金碧辉煌的风采。

1854年，清军攻克雨花台后，太平军止为防清军占据大报恩寺对城内造成威胁，遂"用火药轰之，复挖空塔座下基地，数日塔倒，寺遭焚毁"。

还有一种说法则是毁于1856年，太平天国发生了严重的内讧——天京之变，北王韦昌辉深恐大报恩寺塔被石达开用以充当攻城的炮垒，于是竟下令将这矗立南京城长达400多年的巨塔摧毁，琉璃塔和大报恩寺都被夷为平地。

大报恩寺本来就位于城外，琉璃塔被炸毁以后，寺院日见衰败。1865年，江宁机器制造总局在大报恩寺遗址附近建造厂房，寺院遗址逐渐被蚕食瓜分，原本藏在大报恩寺的宝物也慢慢流失。而数百年后的今天，在这一带，就只剩一些当年的遗物了。

1958年，南京出土了很多五彩琉璃构件。因为发现将其砸碎和泥后，做出来的砖头耐高温，非常符合建造大炼钢铁的"小高炉"的需要，于是大量构件都被送进了粉碎机。当考古人员赶到现场时，满山遍野，到处都是琉璃构件和残片。一年之后，他们清理出3座残窑，开挖了3条探沟。在3号探沟，考古人员先后2次发现了一批五彩琉璃构件，和普通的琉璃瓦不同的是，它们不但多为宝塔部件，而且龙纹、佛教图样兼而有之，有的上面还编号并注明层数。

"发掘出的部分构件，后来被复原成一件琉璃拱门，现存于南博。"数十年后，南京工业大学教授汪永平参与了琉璃拱门的复原，"那是明永乐年间的作品。拱门的位置应该在一座琉璃塔三层或四层，加上其他史料的对照，我们认定这些就是大报恩寺塔的五彩琉璃构件。"

谜底并未就此解开，汪永平介绍说，据明末张岱《陶庵梦忆》、清代张尚瑗《石里杂识》所载，当年建造大报恩寺塔时，共烧制了三套完整的塔身构件，以供日后维修时更换。其中一套用于建塔，另两套则编上字号埋入地下，若塔上损坏一块，只要将字号报告工部，就可将备件取出，对号补砌，天衣无缝。可是史料中记载的那两套构件，究竟埋藏于何处？由于年代久远，确切地点如今仍是个谜。不过，光一个复原的拱门，已经让汪永平等专家赞叹不已，那九级五色琉璃塔该是如何夺目，而整个金陵大报恩寺又该如何的奢华？

南京的毗卢寺有一座38米高的万佛楼，楼顶供奉的是镇寺之宝，其中的一件就来自大报恩寺。最西面摆放着一个"金铁大磬"，磬前靠着一个小铜匾，上面写着：明永乐年间，由金铁合制而成。原供于南京大报恩寺琉璃塔内，太平天国时期大报恩寺毁于战火，大磬因而流失民间，清光绪年间两江总督曾国荃建造万佛楼，从民间幸得，供万佛楼。

据寺内僧人介绍，太平天国战争后，湘军将领曾国荃升任两江总督。因与南岳衡山海峰法师有约在先，所以将两江总督府（今总统府）临近的一个小庵扩建成毗卢寺。极有可能是当时新建成的毗卢寺中需要大型法器，曾国荃便派人去大报恩寺的废墟中收集了一些法器转给毗卢寺，这件大磬就是其中的一件。

此外，大报恩寺塔中另一样藏品更引起了多个国家和地区的争夺，那就是玄奘的顶骨。

玄奘于长安玉华寺圆寂后，原葬于白鹿原，因为唐末黄巢起义，墓地被毁，顶骨迁至终南山紫阁寺。直到988年，南京一位名叫可政的和尚，到紫阁寺修行，无意中发现了顶骨舍利、金钵以及一些衣物，于是将顶骨与石碑千里迢迢地背回南京，并把它供奉在天禧寺里，天禧寺也就是后来的大报恩寺。

1942年11月初，驻防在南京中华门外的侵华日军高森隆介部队，在大报恩寺三藏殿遗址上建造"稻禾神社"，挖地基时挖出一个石函，石函上刻有文字，记载玄奘顶骨辗转来寺迁葬的经过。尽管日军严密封锁消息，但是各种传言仍然不胫而走，被多家媒体曝光。日军迫于舆论，承认玄奘法师顶骨出土的事实。由日军高森部队交给汪精卫政府，由伪外交部长兼文物保管委员会委员长褚民谊接收。移交的文物中包括玄奘顶骨、金佛像一座，纳骨小龛以及玉饰宝、古钱若干。

　　由于玄奘大师的名声显赫，各地均想迎请供奉，致其灵骨一分再分。如今，玄奘舍利分别保存在南京玄奘寺、南京灵谷寺、成都文殊院、西安大慈恩寺、台北玄奘寺、新竹玄奘大学、日本埼玉县慈恩寺、日本奈良三藏院、印度那烂陀寺等9处。据九华山僧人介绍，相对而言，南京九华山的那份舍利，于1943年封存后，就一直留在三藏塔下，没有被动过，应该是最为完整的。

　　玄奘顶骨和金铁大磬都能成为一方寺庙的镇寺之宝，那金陵大报恩寺又该是什么样的规模？两者之外还有什么珍品没有被发现？

　　三、千年铁函中的惊人发现

　　2008年，在修整大报恩寺遗址时，工人们突然发现了地下的寺院地宫。地宫中最引人关注的要算是一只铁函了，这只铁函不仅是体积大，包裹严密，而且在地宫中还发现了石碑，石碑上刻有"金陵长干寺塔身藏舍利石函记"，一下把这个地宫提前了400多年，成为宋代文物，令考古专家更为兴奋。而且，石碑上还记载：函内藏有"佛顶真骨"、"感应舍利十颗"、"诸圣舍利"、"金棺银椁"、"七宝阿育王塔"。

　　这只铁函在转移至朝天富南京市博物馆地库后，也于8月6日揭开了它的面纱。

　　当天下午4点发掘进入了最后一个阶段，此时，铁函已处于无水状态，丝织物包裹的塔形已经完全呈现出来。随后，一个令人惊喜的消息从地库中传出，南京市博物馆副馆长华国荣轻轻提起铁函里丝织物的一角，可清楚地看见包裹中的一个塔状物的塔心部分，看上去还很新，在灯光下发出蓝光，非常神奇。"很显然，这是一座鎏金七宝塔，塔身有精美的装饰图纹，高度和体积还不能确定，要进行画图、测量、做平面、立面分析。"九重锦绣如同是佛祖穿的衣物，华国荣说，上千年的丝绸能够保存得如此完好，出乎意料，也是十分珍贵的文物，无论如何也要想法保存好。为防止宝塔暴露在空气中遭损坏，丝织物不能完全掀起，只能露出一角。

　　"七宝阿育王塔"的"七宝"是哪七宝呢？据专家介绍，大体上是以金、银、琉璃、玻璃、珊瑚、玛瑙、赤真珠为七宝，将之作成"微型宝塔"，以放置供奉的舍利。南朝高规格的佛塔舍利都是用锦缎包裹的，梁武帝在复建长干寺时，就是用"九重锦绣"包裹了地宫里的舍利和供奉物。唐朝润州刺史李德裕从禅宗寺塔的地宫中得到一批舍利，也是用"九重锦绣"包裹放置金棺银椁里，此次铁函里的"微型宝塔"也同样被证实是用丝织物包裹的。

经过专家们的研究讨论后，之前发现的宝塔，被确认为石函碑文中记载的"七宝阿育王塔"。这座高1.1米、边长0.48米的银质鎏金塔，是世界上出土的迄今体积最大、等级最高的阿育王塔。该塔与浙江雷峰塔地宫

△ 七宝阿育王塔

出土的纯银阿育王塔形制相同，但高度是其3倍，宽度是其4倍。专家们将其称为"解开千年结，露出鎏金塔"。

在场的所有人都被鎏金塔的精美震撼，只见塔刹顶部靠近塔尖处有一个被称为智慧珠的圆形宝珠，宝珠下是莲瓣托座，塔尖下共有四重圆形的相轮，上面布满了精美而规则的缠枝莲瓣纹，边沿上是细密的连珠纹，相轮四周还有用链子挂着的小铃铛。其中第四层相轮略有损坏，脱落的轮片表明，相轮为中空。专家解释说，莲花是佛教的圣花，因此，佛教法器上常见莲花纹，这些花纹的制作工艺达到了中国金银器工艺的最高水平。

另外，考古人员还在塔刹底部发现了一枚铜镜，铜镜用带子扣在塔刹上，只有1/3露在外面，似乎可以起到支撑作用。经历千年时光，二者已经粘连在一起，考古人员没有对铜镜现场提取。

塔刹下便是塔身，塔身四个角上各有一根向上竖起的山花蕉叶，上面同样布满了细密的花纹。让人称奇的是，每根山花蕉叶内侧都有一尊浅浮雕的释迦牟尼佛坐像，头顶有髻，身披袈裟，袒露右肩，端坐在莲花座上。

由于这座七宝阿育王塔四边几乎顶到铁函壁，因此，塔身和塔底的模样仍无从得知。不过它的体积仍然让考古人员非常振奋，一般的出土阿育王塔高度只有二三十厘米，而这座七宝阿育王塔是名副其实的世界塔王。

随着七宝阿育王塔的确认，专家们基本断定，碑文中记载的"感应舍利十颗"、"佛顶真骨"和"诸圣舍利"，都应该藏在七宝阿育王塔的塔身里。不过，曾经主持浙江雷峰塔地宫考古的黎毓馨表示，能否从塔身中取出这些圣物仍是一个未知数。根据史料和地宫碑文记载，雷峰塔阿育王塔内藏的就是佛螺髻舍利，然而塔身是被焊死的。为了保护文物，雷峰塔阿育王塔塔身内藏在金棺银椁内的佛螺髻至今未取出。

而此次的七宝阿育王塔（1011）和雷峰塔地宫中出土的阿育王塔（971）无论年代还是形制都非常接近，它的塔身也很有可能是被焊死的。考古就是这样充满未知和悬念，只有当七宝阿育王塔从铁函中取出，人们才能知道到底能不能一睹佛骨真貌。

《淳化阁帖》善本流落海外之谜

　　《淳化阁帖》是流传至今年代最久远的一部丛帖，被誉为中国书法史上的"圣经"。《淳化阁帖》全名《淳化秘阁法帖》，或称《宫帖》，简称《阁帖》，是中国法书丛帖之祖。992年，宋太宗命侍书王著把内府所藏自汉至唐名迹，镂枣木板刻于禁中，摹刻为《淳化秘阁法帖》十卷。《阁帖》刻成后，内府用澄心堂纸、李廷硅墨拓印，从此即为丛帖始刻。《淳化阁帖》计十卷，第一卷为历代帝王法帖，第二至第四卷为历代名臣法帖，第五卷为诸家古法帖，第六卷至第八卷为王羲之书，第九卷至第十卷为王献之书。一共收集了中国宋朝以前103位历代帝王、名臣、书法大家的420帖墨迹。为什么叫《淳化秘阁法帖》？因为"淳化"是宋太宗的年号，表明了临摹刊刻的时间；"秘阁"是说明所收书法作品都出自皇宫秘阁；"法帖"是说这部丛帖足以作为学书的法则。

　　最初的《淳化阁帖》刻于枣木版上，宋太宗待拓成后把帖赏赐给亲王近臣，每人仅赐一本，不久停止赏赐，所以《淳化阁帖》在当时就十分珍贵。当时拓印的《淳化阁帖》数量极少，后原版又因为宫廷火灾而焚毁殆尽，《淳化阁帖》遂成绝版，传世的原版摩刻拓本只能是越来越少了。由于《淳化阁帖》收集的都是名家字迹，在当时北宋社会上也已很少见到，人们都十分喜欢它并渴望拥有它，所以《淳化阁帖》最初拓本一出来，便有许多地方加以翻刻。当时比较有名的有两家：一是山西绛州翻刻本，号称"绛帖"；二是福建泉州翻刻本，号称"泉帖"。南宋时《淳化阁帖》的翻刻本更多，不仅有官方的，还有民间的，甚至一些大臣自己也翻刻，其中不乏精品。宋代的翻刻本已有30种以上，元、明、清的各种再翻本就不计其数了。翻刻本或粗或精，总都不如最初的拓本。尽管翻刻本不能与初刻本相提并论，但由于北宋距离我们现今的年代较为遥远，并且能够保全下来的祖本和有名的翻刻本都极为罕见，所以我们现在所说的《淳化阁帖》最善本，一般指的是北宋初刻的祖本或年代比较久远的有名的翻刻本。

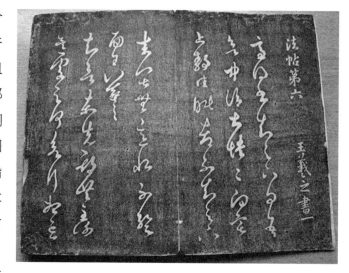

△ 淳化阁帖

2003年，上海博物馆花了450万美元从美国抢救回归《淳化阁帖》最善本的第四、六、七、八卷。第四、七、八为北宋祖刻本，第六卷是南宋泉州本的北宋祖本，其中第四卷是历代名臣法帖，其余的都是王羲之书。这些都是最早的善本，因此极为珍贵，无疑是公认的国家级瑰宝。上海博物馆是从海外购回《淳化阁帖》最善本的，那么《淳化阁帖》最善本是怎样流落到海外的？现今世上《淳化阁帖》最善本到底还存在多少卷？

原本《淳化阁帖》到元代已不见全套。著名书法大家赵孟頫记载他得到的《淳化阁帖》十本，也是几次拼凑而成的。明代许多学习书法的人都喜欢临习《淳化阁帖》，所以明中叶也有大量翻刻《淳化阁帖》的，最著名的是裴騊、潘允亮、顾从义和甘肃藩王府（俗称肃府）四家的翻刻本，其中以肃府本摹刻得最得宋拓本的原貌，但其中第九卷已经是用《泉帖》补配的。可见以明代藩王所藏，据说是明初分封为皇帝所赐的，尚且不能没有补配，那时宋代原刻原拓的稀有已可知了。《淳化阁帖》最善本是在流传过程中逐步散遗的，但它是如何递藏以及如何散遗，散遗了多少卷？史书都没有明确的记载，现在只能是个谜了。

上海博物馆所收藏的《淳化阁帖》最善本4卷到民国时流传都很有序：

有北宋人的墨书跋语及印章，南宋时为王淮、贾似道等大家收藏，元朝被赵孟頫收藏，清代被大收藏家孙承泽、安歧、钱樾、李宗瀚、李瑞清等递藏，民国时为周湘云、蒋祖诒、吴普心等藏家递藏并有印记，后来就不知如何流传。直到20世纪80年代，《淳化阁帖》最善本的六、七、八卷又出现在香港的拍卖行，被美籍收藏家安思远先生拍得。除此三卷外，后来安思远先生又得到了宋刻本第四卷。自从知道《淳化阁帖》最善本的确切去向后，上海博物馆就多次托朋友们与安思远先生商洽，争取《淳化阁帖》回归，但因对方要价过高而未能成交。安思远先生后来受到年事高迈、健康下降、子嗣继承等问题的困扰，并且按照美国法律规定，安思远先生一旦出现问题，《淳化阁帖》很可能就被美国收归国有。为此，在安思远先生有生之年，用经济手段将《淳化阁帖》收回中国，是抢救国宝当务之急。此事经拍卖界提供线索，由一位热衷于文物回归人士联络，促成上海博物馆用450万美金购回。

《淳化阁帖》最善本中的4卷最终回归国内，但也留下了无尽的谜：民国初期，到底由何人通过何种途径把4卷《淳化阁帖》最善本带到国外？并且从民国初期到20世纪80年代这一段时间里，这《淳化阁帖》最善本4卷又到底归谁保管？《淳化阁帖》最善本在海外，是否就是现有的4卷？除此以外，还有人对《淳化阁帖》最善本中的第六、七、八卷是否是王羲之所书进行质疑，因为王羲之没有真迹留于世，在没法和真迹比较互证的前提下，如何断定就是王羲之所书？也许是后代人的临摹之作。这都是有待解决的谜。

十字坡后院银库之谜

马陵山，古人也称为陵山、马岭山，地处苏北鲁南，是一条低山丘陵。它北起临沭县曹庄，经郯城县、东海县、新沂市，南止于宿迁境内的骆马湖边，整个山体连绵起伏，长达百余公里。马陵山总的地势北高南低，主要隆突的山体位于山东省郯城县境内，最高山峰海拔184.2米，新沂市境内的马陵山主峰为91.8米。

它由峰山、斗山、虎山、奶奶山和黄花菜岭5座山组成，当地人称为"五姐妹山"。群山之中以峰山五华顶为主峰，形胜之美，称于江淮。清代乾隆皇帝六度南巡，三幸司吾山，写下了"钟吾漫道才拳石，早具江山秀几分"的诗句，形象的赞美了马陵山的瑰美。

历史上的马陵山，因曾发生过齐魏"马陵之战"而千古闻名，因水浒人物孙二娘坐山招夫"十字坡"开黑店、埋下财宝而家喻户晓。民国时期的山东土匪藏宝更为这座山岭增添了传奇色彩。

一、十字坡的18池藏金

北宋年间，孟州十字坡地处交通要道，坐落于此的十字坡客栈以包子鲜美闻名江湖。店主的女儿孙二娘已长大成人，性情豪爽，做事泼辣，人称"母夜叉"。一天，不速之客"菜园子"张青因误伤人命，在官府的缉拿下，闯进十字坡客栈。张青一头扎进客栈，在与孙二娘父女的冲突中被孙二娘制伏。孙老东家见张青憨实可信，有意培养他当入赘女婿。于是"菜园子"张青便在村东北十字坡开酒店，常用蒙汗药麻倒过往行人，杀人越货。

武松被发配到孟州时路过十字坡，险些遭到孙二娘的毒手。孙二娘这个"母夜叉"的形象是"系一条鲜红生绢裙，擦一脸胭脂铅粉，敞开胸脯，露出桃红纱主腰，上面一色金钮"，"眉横杀气，眼露凶光"。武松假装喝醉酒捉住了孙二娘，张青求饶，武松遂与张青、孙二娘夫妇相识。孙二娘后来跟随张青上了梁山，主持梁山泊西山酒店，迎来送往，打探消息，是梁山第103条好汉。随宋江征讨方腊时，孙二娘阵亡。

这是《水浒传》第二十七回："母夜叉孟州道卖人肉，武都头十字坡遇张青"里的孙二娘。

但相传，孙二娘真有其人，娘家在孙塘村。直到现在，孙塘村大人小孩都会说："大树十字坡，客人谁敢那里过？肥的切做馒头馅，瘦的丢了去填河。"

孙塘村的人对村子里出过孙二娘这个"女强人"深信不疑，走在十字坡附近，他们甚至能指出，哪里是孙二娘曾经卖茶的凉亭，哪里是孙二娘曾经取水煮饭的泉眼。马陵山的村民都知道，孙二娘是当地人，菜园子张青是招赘来的上门女婿。夫妻二人在村东北开黑店、卖人肉包子。

孙二娘和张青夫妻杀人越货积累了大量钱财。临上梁山时，孙二娘夫妇已积攒大量钱财，因不便携带，将所得金银财宝分成18份，分别雇用农夫趁夜分头挑运就地埋于本村双山峰下的指定地点。每到挖完坑穴、放好金子后，便当场将抬金子的人灭口。但是世上没有不透风的墙……此后，孙二娘开黑店的马陵山十字坡下的孙塘村便流传起"双山一对直，一溜十八池"的说法。

双山在郯城县马陵山最南段，紧靠十字坡，因两峰突兀相连，故名双山。然而孙二娘和张青在征方腊途中双双殒命，最终未能还乡。18池金子于是沉寂在荒山野岭之中，具体埋在什么地方，谁也不知道。

二、放猪拾金，焉知祸福

孙二娘到底是不是在马陵山开的黑店，由于郯城1168年大地震孙塘村的史料丢失，今人已无从考证。神秘的马陵山是否真的埋有18池金子呢？

受藏宝传说的影响，许多年来，这里一直未得清静。据说，新中国成立前，臭名昭著的"东陵大盗"——军阀孙殿英被张宗昌收为直鲁联军时，也曾派人秘探马陵山，企图伺机盗宝，最后无功而返。

倒是当地放猪娃谢二胖无心插柳，偶得一池金子，一夜暴富。提起谢二胖子，村里无人不知，每一个人都能讲一段他放猪拾金的故事。谢二胖子是孙塘村的邻村谢圩子村的，真名叫谢松年，清末民国初人。少年时父母双亡，他以放猪为生，时不时受点村人的接济，但是接济他的都是穷人，富人黑心，尤其是他给放猪的这家，经常不发工钱，连饭也不让他吃饱。

这个孤儿，日子过得很是清苦，不知为什么被叫做"谢二胖子"，也许是他发迹以后立刻吃胖了吧！言归正传，有一天，谢二胖子在十字坡下的北沟底放猪，看猪吃得欢，他就躺在草地上睡着了。平时他是不敢在放猪时睡觉的，如果没有看好猪让它们拱了富人的庄稼，那就会招来一顿暴打；如果拱了穷人的庄稼，他就更不忍心了；如果把猪放丢了，暴打都不能解决问题，小命都有危险。

可是那天他实在太累了，谢二胖子心想着，"别睡别睡"，可还是睡过去了。一觉醒来，天都快黑了，他睡眼惺忪地心想："我这是在哪儿啊？"忽然，一激灵，糟了，猪呢？他欲哭无泪，无意识地回头一看：猪在不远的一处，都聚在一起不知道拱什么。天还没黑透，他一数，一只不少。

这下放心了，谢二胖子站起来走到猪群边上，要赶它们回家，可是猪在鞭子的威力下也毫不"屈服"，就是不走，他感到奇怪，就往前凑了凑，发现猪都在拱一个坑，坑里一定有什么东西，否则猪怎么会这么"专注"呢？谢二胖子用力挥了挥鞭子，使劲儿抽了几下，猪终于怕疼了，纷纷躲到一边去。

他蹲在坑边，一看，里面是个箱子，像是有些年月的，用手敲一敲，还很结实，可是上面的锁已经锈得不成样子，连锁眼儿都找不到了。按捺不住好奇心，谢二胖子伸手拿起身边的大石头，砸开了那个锁。他掀开了箱子盖儿，立马吓得坐到了地上：里面竟然是满满一箱金元宝!箱子盖儿再次掀开了，他镇定下来，拿起一枚金元宝，沉甸甸的，他没见过黄金，可是传说中的金元宝都是沉甸甸的。

现在，我们还是称呼确认了黄金已经发家的谢二胖子的本名谢松年吧！谢松年瞬间发了大财，虽然他没忘记接济过他的村民，分别给了他们一点好处，但那毕竟只是九牛一毛。村里人还是很羡慕甚至是妒忌他的。

不愁吃穿后，谢松年的确过了几年惬意的日子，还娶了城里大户人家的小姐做媳妇，据说后来连续又娶了四房姨太太。可是此后，他的命运开始一波三折，坎坷无比，家里的姨太太争风吃醋，弄得家中鸡飞狗跳、不得安宁；正室的娘家对他连续

△ 十字坡后院银库

娶妾始终耿耿于怀，认为他逼死了正室，一直找机会"修理"他；县长也听说他挖过金子，是个大财主，觊觎已久……

总之，后来各种原因，谢家连出人命官司，谢松年最后终因"莫须有"的罪名在南京被国民政府判处死刑，在狱中服毒自杀。村里人说，这是报应，因为他使的全是人命换来的黑心钱。金子的发现改写了谢松年的一生，不知他临死前有没有想过，那一池金子对他来说，究竟是福是祸。

谢松年死后，家人把他埋在当年得到金子的地方，直到1967年，墓穴被破坏了。当年负责挖掘坟墓的孙塘村一位老人回忆，尸体挖出时，丝毫没有腐烂，甚至肢体还很柔软，跟刚死时一样，只是皮肤发紫，看来的确是中毒而死。

而为了宝藏"寻寻觅觅"的人，则更相信马陵山上还有"剩下的"17池金子（另一池被谢松年挖走了），尽管他们始终不能领悟"双山一对直，一溜十八池"的真谛。于是，马陵山十字坡守山的孙塘村农民夜里常被莫名的挖凿声惊醒。手电筒射出的光柱在漆黑的斜坡古道上一晃，几条身影就会一闪而过，向山下匆匆奔去。十字坡坐北向南，坡上乱石丛生，坡前涧深潭幽，至今，野草丛生的十字坡上已经留下了大大小小数十个被钻挖的坑穴……

其实马陵山的宝藏不是只与孙二娘有关，民国时期的山东匪乱，也为这

里留下了宝藏的传说。

三、土匪藏宝杨树林

民国以来，山东地区匪患发展到了空前严重的程度，土匪活动之猖獗，分布之广泛，仅次于河南。据当时的报刊披露，山东百余县几乎都有土匪活动，各地股匪，多者千人，少者数十人，忽聚忽散，纵横数百里，架人勒赎，抢女作妾，稍不如意，即杀人放火，鸡犬不留，人民受匪患之苦，罄竹难书。土匪围攻县城，拆毁轨道，占据车站。土匪还绑架外国人，以便与当权者讨价还价。著名的临城劫车案即是一例。山东地区的匪患，严重威胁着地方治安，扰乱了社会秩序。

1918年6月—1919年12月，张树元督鲁期间，山东匪患尤甚，为各省之冠。济南、济宁、东临皆为土匪出没之处。匪有股，股有首，首有大小，大者统领两三千人，小者也有五六百人，如高唐、夏津一带的顾德林，金乡、汶上一带的张殿元，郯城、峄县、兖州一带的郭安、史殿臣、于三黑，曹州一带的范明新等。他们动辄啸聚，严重威胁地方治安，所以，剿匪就成了张树元督鲁时期的一项重要活动。

顾德林是山东著名土匪，到1918年夏，顾部已达2000余人，其势甚为猖獗。期间，龙济光派其亲信李德厚为其招兵司令，来鲁招抚土匪，顾德林股匪遂受抚，李德厚将土匪编成三营，称"振武新军"。后因索饷不遂，遂萌变态，集合旧部，于1918年9月17日夜占领晏城车站，其势甚凶。张树元闻警急率官兵奔赴晏城，顾匪闻官军来剿，即预伏于铁路两旁，实弹以待，陡见车至，即迎头猛击。张当即令官军用大炮还击，激战多时，毙匪甚多。后官军陆续开至晏城，匪势不支，渐向郯城窜去。是役，计击毙土匪200余人，捕获匪众20余人（顾德林潜逸），夺获枪炮数十支。官兵也死伤百余之众。顾德林这支土匪被剿灭的同时，其四处搜刮来的巨额财宝和赎金却不知去向。

在山东郯城的古街老巷中流传着土匪埋藏财宝的各种传说：郯城劫匪的宝藏有9个大缸，还有10个坛子。有的说是藏在城里头，有的人认为是藏在山里面。传言有可能是真的吗？

今苍山平原地区，是当时临沂西南乡和郯城的西北乡，统治力量薄弱，是当时土匪常来常往之地。对于土匪藏宝，当地古钱币研究者张锦贵深信不疑。首先他父亲曾经说过，在三井村附近埋藏着49缸从鲁中运来的银两。

老人的父亲曾经亲眼见到劫匪埋宝，所以传下了这个秘密，父亲的这段经历也被他记录了下来：

那天吃过晚饭我去村边玩，走着走着就来到了村西的那片杨树林旁边。当时天色已暗，四周也静悄悄的。这个时候，远方突然来了一队人马，那时山东匪患很严重，我以前也听说过被官兵打溃的土匪逃到我们这来的。这时我也害怕起来，想赶快回家。不过那队被追击的土匪提着几只大缸冲进了杨树林。我吓得迈不动步了，就躲在树后面往那边偷看。

只见他们很快就挖了几个深坑，领头的还在不停催促。然后把那些缸埋在了坑里，上面用土封好，还铺了些杂草伪装。也许是被官兵追得急了，土匪埋好缸后，没有停留，整合队伍，径直向马陵山的方向跑去了。

见到土匪走后，我也慌忙往家跑。那时还小，没有财宝的概念，只是因为晚回家而挨了家里的一顿骂。后来我也去杨树林里找过，但已分辨不出具体地点了，这事也就不了了之。

张锦贵老人转述完父亲的经历后，自己也做了分析：当时土匪被官兵追剿，手头的财宝很是碍事，于是就埋在了村边的杨树林，但之后郯城地区就进驻了官兵加强了守卫，听说那伙逃向马陵山的土匪也很快被剿灭了。那他们也没什么机会再回来寻宝，这么说的话，土匪的几缸财宝应该还在那片杨树林里。这件事村里有不少人都知道，因此，村边也不时出现深挖的坑洞，但到现在，也一直没有挖到财宝的消息。

杨树林里斑驳的坑痕和深夜山间偶尔传过的敲凿声能否让"孜孜不倦"的寻宝人偶有所获？在漫长的历史长河中，也许有一天我们会知道答案。

冠顶珠今安在

"冠顶珠"是从清代乾隆年间流传下来的国宝。关于"冠顶珠",在清代的乾隆年间还有一个神话般的传说。

说在乾隆年间的某一天,乾隆皇帝到海淀离宫外遛弯儿时,在附近的团河边发现河内放出一道白光,觉得有些奇怪,当时也没有太在意。但连着第二天、第三天当他每次走到那里时,还是看见白光依然闪烁如故,于是便派人下河去探个究竟。仆人到了河底摸着一个大河蚌,剖开蚌后,发现蚌内有一个特大的珍珠。这珍珠约有二寸长,表面细腻、色泽丰润、形状为橄榄形,真是千古少有的稀

△ 清高宗乾隆

罕物。更为令人不解的是,这颗珍珠竟会自己行走,一不留神,就会不见了。乾隆皇帝见状,忙命匠人在珍珠上打了个眼,用金丝线系上,镶在皇冠上了。

这颗神奇活现的宝珠,从乾隆朝传下来后,有关的传奇的神话就越来越多了。据传,某位皇帝有难时,它就神奇般地不见了踪影,等到灾难过去了,它又奇迹般地回来了。到了溥仪继承皇位时,将"冠顶珠"朝夕相伴一刻也不离身。1911年,辛亥革命推翻了清王朝,民国政府给予清室优待,让

溥仪皇室暂居宫禁，延后迁出。但一年仅400万元的经费远不够皇室庞大的开销。于是靠借钱、用珍宝等物品抵押以维持生计，但最后因无力偿还，就开始拍卖宫中的金银珠宝。

溥仪及皇室，为此便想尽方法变卖宫内的珠宝。溥仪被迫迁出皇宫后，先进入日本使馆后移居天津，又到东北建立了伪政权，直到垮台。他携走的文物，在天津变卖了一些，大多数珍宝在长春和吉林散失，还有不少在通化的大栗子沟丢失，这些失散的珍宝，被当时的古董界称之为"东北货"，这颗"冠顶珠"也是在出逃时丢失的。

△ 溥仪

溥仪在携带的珍宝中，最珍爱的就是这颗"冠顶珠"。其他的珠宝都可变卖，唯有这颗宝珠一直伴随在身边。1945年8月日本战败后，溥仪逃跑。据曾在溥仪身边的人回忆说，当时把"冠顶珠"包好打点装箱后，送上了日本军车，到长春车站转乘火车，一切均由日本兵办理。到达通化大栗子沟，溥仪等人在当地安顿住下后，当清理到托运的箱子时，发现装有"冠顶珠"的箱子和其他的一些箱子都不见了，几经找寻不见踪迹。当时溥仪的卫队长对于由日本兵运输这批物品曾提出过疑虑，因此怀疑是这次运输出的问题。"冠顶珠"珍宝的丢失，是日本侵略中国带来的损失，也是溥仪将珍宝盗出的后果。只要此珠仍存在于人世，相信终归会有重见天日的一天。

司母戊大方鼎的传奇经历

提起河南安阳市小屯村，熟悉历史的人马上就能把它和"甲骨文"、"殷墟"这类字眼联系起来，小屯村作为3000多年前商朝盘庚时期的都城遗址，首次科学的挖掘始于1928年，整项工作由当时的民国"中央研究院历史语言研究所"直接领导。随后在小屯村及其附近地区又陆续进行了十余次挖掘，直到日军发动侵华战争，侵占了华北地区后，殷墟的考古发掘工作才被迫停止，但民间的挖宝活动却因时代动乱无人管治而愈演愈烈。与小屯村仅一河之隔的武官村曾为殷商时代的王室墓地，1939年当地农民在此挖掘到了一尊旷世宝物——司母戊大方鼎。

这年3月的一天，村民吴希增在一块田地上，用其特制的探竿开始了一天的"探宝"工作。突然，探竿触到了一个硬物，坚硬的探头竟因此而卷了刃，上面还留下绿色的铜锈，老到的吴希增马上意识到有宝物。按当时武官村不成文的规定，探宝不分地界，但凡探出宝来，宝物所在地的主人要分得宝物所售价款的一半。于是，吴希增匆忙收拾好工具，悄悄回村找到田地主人吴培文商量挖宝事宜。两人不约而同地决定当晚就破土挖宝，并雇用十多个小伙子帮忙。

午夜时分，当挖到地下约10米深处时，宝物露出了一条柱形腿。众人大喜，连忙向四周破土，尽量扩大土坑。过了好一阵子，这个宝物才完全显露出来，只见它横斜在泥土里，像一个巨型青铜炉，十几个人共同努力也无法将其搬动。由于天将放亮，为防别人发现，他们只好暂时停工。

第二天晚上，吴希增又组织了四十多人前去搬宝。但这个庞然大物实在太重，大家仍然无法将它弄出地面。这时，有人提议采用回填土的办法，即先抬起鼎的一条腿，然后往下面填土；等把土填满，再抬起另一条腿，再填土，这样循环往复，必能把它抬出深坑。但是，如此粗壮的柱形腿怎样才能被抬起来呢？聪明的村民在洞口上方搭了一个架子，用两条粗约五厘米的麻绳，一条拴住鼎耳，一条拴住柱形腿，一部分人在上面用力拉，一部分人在下面使用回填土的方法抬升大鼎。如此再三，直到第三天夜间，他们才把这个"大家伙"弄出地面。

△ 司母戊大方鼎

1939年，正值一个兵荒马乱的年代，安阳当时已在日军的铁蹄之下。为防不测，挖宝始终是在极为隐秘的情况下进行的。即便如此，还是走漏了消息。很快，驻安阳飞机场的日军警备队队长黑田荣次便前来"参观"，之后，日本宪兵队又多次冲进武官村搜寻宝物。村民们为了防止大鼎被日本人抢去，便采取声东击西的办法，将大鼎转移到较远的地方埋藏起来，而在原来的埋藏地埋入其他文物，从而使大鼎躲过了日军的魔爪，得以在祖国大陆保存下来。

按说，鼎应该有一对耳朵才对，但这尊举世无双的大鼎却仅有一只耳朵。关于失落另一只耳朵的原因，历来众说纷纭。有人猜测可能在最初埋入地下之前，鼎耳就已经被弄断了；也有人认为，由于大鼎过重，吴希增他们当时并没能把它搬出地面，但又心有不甘，在锯下一只鼎耳后才把大鼎重新掩埋起来；而流传最广的一种说法是，村民们受到北平大古董商萧寅卿的蛊惑，深夜闭门锯鼎，使出浑身解数才使千年鼎耳黯然落地。究竟哪一种说法可靠，现在似乎已没必要继续追究，唯一可以确定的是旷世宝鼎从此沦为独耳鼎，再也无法展现铸造之初的完美无瑕。直至新中国成立后，专家们仿照鼎上另一只鼎耳将遗失的鼎耳补铸上去，才勉强保存了大鼎的完整性。

抗战胜利后，大鼎于1946年6月被重新挖出，并存放在安阳县政府内。同年10月底，正值当时的国民党政府主席蒋介石六十寿辰，当地驻军用专车将大鼎运抵南京，准备将其作为蒋的寿礼。不知何故，蒋并未接受，仅指示将大鼎拨交给当时的中央博物院筹备处保存。至1948年夏，大鼎在南京中央博物院（现更名为"南京博物院"）首次公开展出，蒋介石亲临展览馆并在大鼎前留影纪念。新中国成立前夕，国民党在逃跑时，曾有意将大鼎运往台湾，但因解放军行动迅猛而大鼎又过于笨重，还没有来得及启运，南京就已解放，大鼎便永远留在了大陆。

新中国成立后，大鼎先是存放在南京博物院，后于1959年调拨给中国历史博物馆（现更名为"中国国家博物馆"），成为该馆的镇馆之宝。

司母戊大方鼎体呈长方形，两窄面的口沿上各有一只竖立的直耳，器底有四条空心的柱形足，整体造型庄重大方，是我国目前已发现的最大、最重的青铜器，堪称青铜之冠。鼎上所饰的各种图纹也相当精美。鼎腹四面中央为无纹饰的长方形素面，其余各处均以细密的云雷纹为底纹，素面上下由半浮雕的夔纹带构成方框，两夔相对，中间隔着短扉棱。鼎腹四面交接处皆铸有扉棱，以扉棱为中心，又饰有三组兽面纹，上端为牛首纹，下端为饕餮纹。四只鼎足的纹饰也匠心独具，在三道弦纹之上各饰以兽面纹，线条异常优美。两鼎耳的外侧均饰有虎口相对的两只猛虎纹样，两虎口之间饰一人首，虎作欲噬状，鼎耳侧缘还饰有两尾鱼形图纹。这些纹样衬托出一种狞厉、神秘的气氛，使得整个鼎的造型更加显威武雄厚。

司母戊大方鼎所展示出的令人叹为观止的造型和纹饰，代表了我国商代青铜文化的顶峰。从铸造的角度看，司母戊大方鼎同样代表了商代铸造工艺的最高水平，引起了人们反复研究的兴趣。

有关研究表明，司母戊大方鼎的合金成分比例相当完美，其中铜84.77%，锡11.64%，铅2.79%，其他0.8%。铸造时采用了组芯造型法，即先用土塑造泥模，烧制成陶范，然后再把陶范合到一起灌注铜液。鼎身每面用两块外范，四面共用八块；鼎底由四块外范拼成，而鼎足的每一足均由三块外范组成。故整个大鼎共由24块陶范合铸而成。同时，除鼎耳是先单铸出来，而后再嵌入鼎范外，鼎身其余部分都是一次浇铸而成的。另据了解，铸造司母戊大方鼎这样高大的青铜器，所需金属材料在1000千克以上，按当时的冶铸水平，需七八十个坩埚同时并熔，而每个埚燃炭、观火色、运料、运铜液等项工作需三至四人，故整项工程得二、三百人通力合作才能完成。这也从侧面反映出当时青铜工艺已具备较高的生产、组织和管理能力。

由于大鼎的鼎腹内壁有"司（又释作"后"）母戊"三字，且该鼎又大又重，整体呈四方形，故被命名为"司母戊大方鼎"，有时也称为"司母戊方鼎"或"司母戊鼎"。

据专家们介绍，"司母戊"意为"祭祀母亲戊"。那么，戊是谁，又是谁的母亲呢？1976年，考古工作者在河南安阳殷墟遗址的妇好墓中，又发现了一对大鼎——司母辛方鼎。该鼎通高80厘米，比司母戊大方鼎小一些，但二者不仅造型十分相似，鼎内壁所铸铭文的字体也极为相近，由此可见，二者所产生的年代应是相去不远的。又据考证，妇好是商王武丁的配偶，而武丁的另一配偶恰是妣戊，故司母戊大方鼎所指的"母"大概就是武丁之子商王祖庚的母亲——妣戊，该鼎即祖庚用来祭祀母亲妣戊的祭器。

那么，商王祖庚为何要耗费如此人力物力铸鼎祭祀母亲呢？鼎究竟具有怎样的性质和内涵？

其实，鼎本来是古代的烹饪器具，相当于现在的锅，用以炖煮和盛放鱼肉等。许慎在《说文解字》里说："鼎，三足两耳，和五味之宝器也。"鼎大多为三足圆形，也有四足的方鼎，最早的鼎是用黏土烧制的陶鼎，后来又有了用青铜铸造的铜鼎。随着社会的发展，除了"烹饪之器"外，鼎的含义也随之扩大和丰富起来，渐被赋予了神圣的色彩，这源于禹铸九鼎的传说：

相传在公元前21世纪，由于夏禹治水有功，被拥戴为王，九州（代表中国各地）各部落首领纷纷把他们的青铜器献给夏禹，而各地酋长也把他们各族的图像进奉。夏禹于是利用这些青铜，铸造了九座大鼎，并把山川名物的图像装饰到鼎上，用来象征九州。

从此，九鼎就被视为国家政权的象征，"鼎在国在，鼎失国亡"。

尚处于奴隶制初期的商王祖庚时代，用大方鼎来作为祭祀帝王母亲的祭器，一方面固然延续了鼎作为"烹饪之器"的实际功用；另一方面也可以说是对受祭者的最高礼赞，鼎上铸有的夔龙纹和饕餮纹，意即祈盼受祭者能在天上继续过着作威作福、衣食无忧的生活。虽然此处的鼎尚不涉及政权问题，但却暗含了最高权力和地位象征的意味。

到了奴隶制鼎盛时期，鼎被用作"别上下，明贵贱"的重要礼器，如文献记载："天子九鼎，诸侯七鼎，大夫五鼎，士三鼎或一鼎。"同时，鼎也是一种旌功记绩的礼器，周代的国君或王公大臣在重大庆典或接受赏赐时都要铸鼎，以旌表功绩，记载盛况。鼎便越来越远离它的实际效用，越来越为王侯专有，"一入侯门深似海，从此常人莫得见"。

至于九鼎，更作为政权和社稷的象征而在夏商周三代的王室间流传，并衍生出"定鼎"、"问鼎"、"鼎迁"等指代国家政权的确立或变革的词语，表明了鼎在古人心目中至高无上的地位。九鼎流传到春秋时期，还出现了楚王"问鼎"的故事；至秦汉之际，又有"泗水捞鼎"的传说。九鼎之重可见一斑。

北京猿人化石今何在

1918年春，瑞典籍地质学家安特生在北京西南郊50公里处的周口店首次发现哺乳动物化石。此后，在周口店陆续发现数枚人牙化石。经解剖学家研究，这些化石属于古人类的一个新科属，命名为"北京人"。

10年以后，即1928年12月2日，北京大学裴文中在周口店发掘出一个完整的猿人头骨化石。这是一个重大的发现，是古人类学、旧石器时代考古学、古脊椎动物学和第四纪地质学研究中一件划时代的大事，它为研究人类的起源及其发展，为再现早期人类的生活面貌，提供了极其珍贵的第一手资料。

1928年12月以后至1937年7月卢沟桥事变前，在周口店经过11年挖掘，先后发现了代表四十多个"北京人"的人骨化石及大量石器。中国猿人化石是一批无价之宝，当时集中珍藏在北京协和医院的保险箱里，由著名的德国籍（后加入美国籍）人类学家魏敦瑞负责保管并研究。

1941年年初，日美关系趋于紧张。魏敦瑞提出，珍贵的中国猿人化石继续留在日军统治下的北平很不安全，建议将化石暂时转运至美国纽约历史博物馆保存，待战后再运回中国。

经多次交涉，中美双方就此事达成协议。11月中旬，美国驻华大使馆自重庆来电，指令美国驻北京公使馆负责转运事宜。

11月20日，北京协和医院奉命将中国猿人化石秘密装箱。装箱的化石有：头盖骨5枚，头骨碎片15枚，下颌骨14枚，锁骨、大腿骨、上臂骨、牙齿等147枚。全部化石分装在两只大木箱内，由美国公使馆运送至美国海军陆战队总部，指令美军上校阿舒尔斯特负责押运。

阿舒尔斯特上校命令士兵将两只木箱改装到美军专用标准化箱里，等待装船。按照原定计划，12月11日有一艘"哈里逊总统"号轮船将由上海抵达

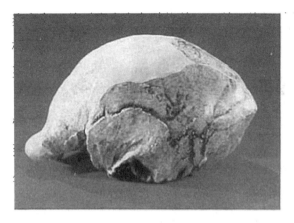

△ 北京猿人化石

放在瑞士商人在天津建筑的仓库里，一部分存放在法租界巴斯德研究所，一部分存放在中国友人家里。疏散前，福莱医生没有打开过标准化箱子。战争结束以后，装有中国猿人化石的标准化箱子下落不明。中国的无价之宝经美国海军陆战队之手，由北京至秦皇岛，由秦皇岛至天津，最后在天津失踪。

中国猿人化石到哪里去了？

一种说法是，标准化箱在秦皇岛被装上了"哈里逊总统"号轮船，但该船不幸在赴美途中沉没。中国猿人化石沉入了海底。有人说，轮船没有沉没，而是中途为日军所截获，化石落入日军之手，后来下落不明。

一种说法是，中国猿人化石根本就未出北平城，它被埋在美国驻京公使馆的后院里。一个在美国海军陆战队总部门口担任过守卫之职的卫兵回忆说，珍珠港事件爆发前夕，他看到有两人将一箱东西偷偷地埋在院子里，他估计有可能是中国猿人化石。当年埋宝的地方，现在造有建筑物，因而无法进行挖掘。真假如何，尚是未知数。

一种说法是，标准化箱被福莱医生在天津疏散后，最终落入日本之手。1942年8月，有两个日本考古学家到北京协和医院寻找中国猿人化石。得知化石被转移的消息，日本华北驻屯军司令部指派专人进行跟踪搜寻，关押、拷问了许多人。两个多月后，有消息说在天津找到了中国猿人化石。但后来又有消息说，在天津找到的东西与猿人化石无关。孰真孰假，不得而知，日军

△ 北京猿人头骨化石

搜索化石的行动就此中止。有关人员被释放却是事实。从迹象看，日军不见真宝岂能善罢甘休？抗日战争胜利后，有关通讯社报道，中国猿人化石在日本东京发现，东京帝国大学已清点交盟军总部保管，即将由盟军总部转交中国云云。然而中国政府日后从盟军总部接收的物品清单中却没有为世人所瞩目的中国猿人化石。为此，当时中国驻日本代表团顾问李济曾多次在东京寻找化石下落，盟军总部应中国政府之请亦动员驻日盟军广泛搜寻，均未果。

曾进行过调查，1949年瑞士商人在天津开设的伯利洋行曾伙同北京总行进行过走私活动。走私物品不详。

1972年，美国巨商詹纳斯悬赏15万美金，寻找化石下落，世界各地提供了三百多条线索，但一一被否决了。

"北京人"化石最终将在什么地方出现呢？疑团未释，一切未知！

《清明上河图》真迹之谜

　　1950年冬天，东北局文化部委托书画鉴定专家杨仁恺先生对收缴来的大量书画进行整理鉴定，当他打开一轴残破的画卷时，顿时惊呆了：长卷画面古色古香，气势恢弘，人物、景象前呼后应，栩栩如生。画幅上没有画题，也没有作者署名，但历代名人的题跋丰富，收藏印章纷呈，仅末代皇帝溥仪的印章就有三枚之多。画后有金代张著在1186年写的题跋云："翰林张择端，字正道，东武人也，幼读书，游学于京师，后习绘事，本工其'界画'，尤嗜于舟车市桥郭径，别成家数也。按向氏《评论图画记》云，《西湖争标图》、《清明上河图》选入神品，藏者宜宝之。"

　　难道这就是被历代皇宫、贵族争相收藏的稀世之珍《清明上河图》吗？杨仁恺先生禁不住一番激动，一阵骇然。

　　一、中华第一神品

　　张择端是北宋末年的画院待诏。《清明上河图》以超长而浩大的画面，精湛而老到的笔触，全面、真实、细致地描绘了北宋都城汴梁以虹桥为中心的生活景况，是我国美术史上最负盛名的一幅全景式的市井风俗画。

　　这幅画高约24.8厘米，宽528厘米。据有关专家统计，全画共画有人物684人，各种牲畜96头，房屋122栋，树木174株，船25艘，车15辆，轿8顶……其人物之生动传神，器物之细致逼真，构图之疏密有致，特别是反映社会生活面之广阔，在中国古代画作中殊甚罕见，是一幅光照千古的艺术杰作，被推崇为"中华第一神品"。

　　《清明上河图》可分为三个段落。卷首描绘的是汴京郊外的景物，中段描绘的是上土桥及大汴河两岸的繁忙景象，后段则描绘了汴京市区的街景。画中的人物，大者不到一寸，小者不过一二分，但个个形神毕备，毫纤俱现，极富情趣。其他景物则按远近关系和相应比例扩缩，也大都清晰可辨。

树木有枯老的，翠秀的，疏朗的，茂密的。水流有平缓的，激越的，淡远的，浩荡的。山势有陡而高的，低而下的，凹而中空的，起伏而连缀的。建筑则有城、桥、楼、阁，茅椽、瓦舍、街道、巷曲。

人物的身份，有读书的、做官的、务农的、经商的、行医的、算命的、和尚、道士、小吏、差役、船夫、纤手、妇女、儿童、主子、奴仆等。

人物的活动，有赶集的，有做买卖的，有问答的，有聚谈的，有乘轿骑马的，有引路喝道的，有闲逛的，有饮酒的，有推车拉车的，有驾船拉纤的，有袒胸纳凉的，有拿着斧、锯、扫帚、簸箕、碗罐劳作的，有背着、驮着、牵着小孩的，有拉着、驾着、使着牲口的……大街小巷，百肆杂陈，熙来攘往，精彩纷呈。作者对北宋末年繁荣、逸乐的市井生活，作了高度的艺术概括。

特别有意义的是，图中的描绘，与记载汴梁的有关历史文献完全吻合。大处如虹桥的位置、样式，小处如"孙羊店"、"脚店"等匾额，无不与《东京梦华录》所记相符。因此，这幅画卷，除了它特有的艺术价值外，还为我们研究当时的经济、文化、建筑、交通、服饰、民间习俗等方面，提供了活生生的资料。

但由于年代久远，保管不善，收藏过程的隐蔽和曲折，以及赝品充斥，给这幅伟大的画作留下了一些难以释解的疑团。

二、流传有绪话"真迹"

自《清明上河图》问世以来，流传甚广，摹本甚多。颇为世人重视的有：收藏于北京故宫博物院的《清明上河图》，收藏于台北故宫博物院的《清明易简图》，收藏于美国的"元秘府本"《清明上河图》。到底哪一种是张择端的真迹？学术界对此议论纷纷。

郑振铎、徐邦达等先生认为，由书画鉴定专家杨仁恺先生发现，现藏于北京故宫博物院的《清明上河图》应是张择端的真迹。

断定它是"真迹"的主要理由是，它从宋至今流传脉络清晰。

这幅《清明上河图》上保存有历代13个收藏家写的14个跋文，盖有96方

△《清明上河图》局部

收藏章，为我们讲述了它幽暗而曲折的漂泊轨迹。

原来，张择端画完这幅歌颂太平盛世的史诗式的长卷后，首先就理所当然地呈献给了当时的皇帝宋徽宗，宋徽宗也就因此成了此画的第一位收藏者。他曾用他那著名的“瘦金体”书法亲笔题字，并印上了双龙小印以示珍藏。但不久金兵南下，攻破汴京，徽、钦二帝被掳，《清明上河图》也在战乱中流入民间。画卷后有不少北宋遗民观图后缅怀故国、感叹时政的题咏，记录了画卷漂泊和收藏的历程。

元灭金后，《清明上河图》第二次被征集入宫。到至正年间，宫内一个装裱匠使了调包计，拿临摹本把真本换出，悄悄卖给某贵官。贵官离家外任，画又被人偷卖。这一偷盗贩卖情节，又被后来的收藏者详细地记录在画后的尾纸上。

元末至明嘉靖年间，这幅名画至少倒卖过八九次后，由当时的兵部侍郎王仔收藏。据清代顾公燮的《消夏闲记》载：太常寺卿严世蕃得知后，仗着他父亲严嵩的权势，强行向王仔索买，王仔舍不得卖，又不敢不卖，就叫苏州画师黄彪照原本摹绘了一幅送去。有一个叫汤臣的裱画工，曾为王府裱画，后来又被推荐到严府裱画，他看到这幅赝品后，对严世蕃说："这幅画的真迹我在王府看过，送来的却是一幅赝品。你看那屋顶上的麻雀，脚爪应该很小，却踏着两块瓦角，可见它绝非真品。"

清人徐树丕的《识小录》里也有一则汤臣（一作勤）辨画的故事。他说，汤臣装裱《清明上河图》时，发现图中有四个人在掷骰子，其中两颗骰子是六点，还有一颗在旋转，这个掷骰子的人张着嘴叫"六"，希望也出现一个六点。汤臣认为，开封人呼"六"字时用撮口音，而画中人却是张着嘴巴叫"六"，这是福建人发"六"字音的口形。所以他认为这幅画是伪作。

总之，由于汤臣的辨伪，严世蕃怀恨在心。嘉靖三十八年，蒙古安答部由河北入侵，当时任蓟辽总督的王仔御寇无术，严氏党羽借机弹劾，最终竟把王仔处死。《清明上河图》也落入了严氏父子的库藏。

后来，戏剧家根据这段情节，编写了一部出名的传奇，叫做《一捧雪》。耐人寻味的是，主人公的姓名改成了莫怀古，就是警告人们不要收藏古董的意思。

后来，严嵩倒台，《清明上河图》被没收，第三次回归宫廷。

不久，《清明上河图》又被盗出，偷窃者当是万历年间的首席太监冯保。他既是秉笔太监，又是东厂首领，拥有处置皇宫内各种事务的权力。他忍不住在《清明上河图》上留下一段署名的题跋。人们推测，此画如系皇帝赏赐，他一定会在题跋中大书特书，但冯保对画的来源讳莫如深，反倒是露出了他偷盗的马脚。

入清后，《清明上河图》曾为陆费墀、毕沅先后收藏。嘉庆二年，毕沅死。嘉庆四年（1799），毕家被抄，《清明上河图》第四次入宫，在紫禁城的迎春阁内珍藏。

辛亥革命后，溥仪（宣统）逊位，但仍居宫中。1925年，他离宫之前，将宫中的字画珍玩盗往天津，《清明上河图》即在其中。后伪满洲国成立，他将此画带到长春"皇宫"。1945年，东北新中国成立前夕，溥仪带着一批珍贵的书画珍宝，准备逃往日本，被苏联红军在通化截获，《清明上河图》

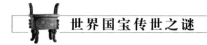

逃脱了一次更大的劫难。

《清明上河图》最初同其他古物一起，凌乱地堆放在东北博物馆的临时库房。1950年冬天，被古书画鉴定专家杨仁恺无意中发现，1955年拨交故宫博物院。

这是《清明上河图》第五次进入紫禁城，不过，这座昔日的皇宫，如今已是人民的故宫博物院了。

因为它是如此的流传有绪，题跋、印鉴历历可数，又具有浓郁的北宋画风，所以，许多专家都断定它就是张择端的"真迹"。

此外，明人王世贞在《清明上河图别本跋》中指出：张择端的"稿本""于禁烟光景（指清明寒食，民间禁烟）亦不似"。北京故宫画本中确有许多违反清明时令的情节，如新酒、赤膊、扇子、西瓜等，正好与这一说法吻合。因此，许多专家进一步认定，北京故宫珍藏的《清明上河图》，正是张择端的"稿本"。

此外，台北故宫博物院收藏的《清明易简图》上虽有"翰林画史臣张择端进呈"的署名，但元人苏舜举在元贞元年（1295）首跋《易简图》时，开宗明义写道："清明易简新图成。"绘制时间和目的都很明确。图中还画有一些元代独有的事物，因此，它只可能是元人描摹的"简易本"，不可能是张择端的真迹。

美国收藏的"元秘府本"《清明上河图》，有北宋宣和年间的特殊事物和"瘦金体"题跋，但据钱谦益《牧斋初学记》记载，"元秘府本"在明宫中被一小太监盗后，藏御沟石罅中，适逢大雨，取出时已糜烂不可复理。可见，美国收藏的《清明上河图》不可能是"元秘府本"，而只可能是一种"晚期别本"。

三、"清明"之争

《清明上河图》题名中的"清明"二字，望文生义，历来都认为指的就是时令。据明代李日华的《味水轩日记》记载，该画卷上不但有宋徽宗的瘦金体题签，押有双龙小印，并且还有宋徽宗的题诗，诗中有"如在上河春"之句。这就是说，在完全了解绘画过程的宋徽宗眼里，画卷上描绘的纯然是一幅清明时节的春天景色。近代及当代的美术史家郑振铎、徐邦达、张安治等人也力主"春景"之说。郑振铎更是说："时节是清明的时候,也就是春天三月三日。"连日期也具体化了。

但在近代以来,很多人提出了异议。一方面,宋代清明时节特有的景象,如门插柳枝,禁断烟火,踏青扫墓者蜂拥出城,以至于"阗塞诸门"、"四野如市"等,没有得到应有的表现;另一方面,画面上的一些情景,又与清明之时令抵牾。对此,开封市教师孔宪易先生提出了八点质疑。

1.画卷右首有一队小驴驮负着木炭迤逦而来。木炭因耐燃、无烟而价昂,一般只用于富家烤火。北宋孟元老《东京梦华录》记载:每年农历十月,汴京始"进暖炉炭,帏前皆置酒作暖会"。清明前后,不是木炭的营销季节。

2.画面上有一农家短篱内长满了像茄子一类的作物,更有几名孩童光着上身嬉戏,这不是清明时节的事物。

3.画面上手执扇子的人物在10人以上,扇子是夏秋用具,与清明时令不符。

4.草帽、竹笠在画面上多处出现。"草帽、竹笠是御暑、御雨的东西,图中既不下雨,这肯定是御阳用的,根据当时东京的气候,清明节似无此必要"。

5.画面上有一个招牌上写着"口暑饮子"的小茶水摊。"如果'口暑饮子'中的'暑'字不错的话,这足以说明它的季节"。

6.虹桥两岸及桥上的好几处货摊上摆着切开的瓜片,可能就是西瓜。而汴梁的早春,不可能有西瓜及此一类的瓜品。

7.画面上"临河的一家酒店,在条子旗上写着'新酒'二字",所谓"新酒",是指当年的新谷酿成的酒,清明时节绝无新谷,哪有新酒可言?

8.对画面上的乘轿、骑马者带着仆从的行列,上坟后回向城市一段,孔先生认为,"这群人虽然有上坟扫墓的可能,倒不如说它是秋猎而归更恰当些。因为,上坟四季皆有可能,就插花而言,春秋二季都能解释得通。今从画面种种现象来看,说是秋季更符合实际些"。

那么，如果"清明"二字不表示时令，那它的含义又是什么呢？孔宪易先生认为，《清明上河图》中的"城门楼"很可能是东京宋门外东郊的蜘蛛楼。据《宋会要辑稿》载，当时的东京内、外城及郊区共分136坊，外城东郊区划为三坊，其中第一坊便是"清明坊"，由此推知，《清明上河图》之"清明"，地名也，画的是从清明坊到虹桥这一段上河的繁盛景象。

20世纪80年代中期，邹身城先生在中国宋史研究会上提出的论文《宋代形象史料〈清明上河图〉的社会意义》中另立新意，他认为，"清明"一词，既非时令，也非地名，而是画家张择端进献此画时所用的歌功颂德之词。《诗经·大雅》中有"肆伐大商，令朝清明"之句，《后汉书》上有"固幸得生'清明之世'"之语，所说的清明，指的都是太平盛世。所以，距宋代不远的金人在画面上留下的跋文中说："当日翰林呈画本，承平风物正堪传。"已点明此画主题在于表现"承平风物"。

考张择端行年，他于徽宗朝在翰林书画院供职，当时正是北宋末年大动乱前夕，表面的繁华掩盖了深刻的社会矛盾，于朝于野都有歌舞升平、太平盛世的错觉。此画的第一位收藏人便是宋徽宗，张择端把"清明"二字冠于题首，不只是揭示了本画在于歌颂"太平盛世"的主题，而且迎合了喜爱舞文弄墨的宋徽宗的心理。

在最近一次有关《清明上河图》的研讨会上，美国威斯理学院艺术系教授刘和平提出了一种全新的读画方式。他说："我们可以把自己想象成画中行人，从画卷开始处（右端）出发，一路杨柳青青，随后过桥沿路一直走到画卷左端。"刘和平打了个比方："于是我就联想起逛街，逛完了街一侧的商店，再掉头逛另一侧。左端行人面朝右，似乎在提醒我们接着往回逛。同时，顺着这条路线，季节也在改变，从春到秋，当再次折回到画卷最右端下方时，我们已经可以看到离开开封城的人，行走在深秋的寒意中了，而这里才是画卷的真正结尾处。所以，《清明上河图》所绘其实是从每年农历三月到十月，汴水的整个漕运季节。"

四、牛驴之争

唐山炎黄轩主人王开儒先生在为故宫博物院复制《清明上河图》时，发现画首约80厘米处有一处残缺。经了解，这是故宫博物院在1973年揭裱《清明上河图》时删掉的。

为什么要对原画动如此"手术"呢？故宫博物院原副院长杨伯达在荣宝斋画谱《清明上河图》序言中曾有过交代。他说："原在老翁背后柱之旁残缺一大片，原绢已失，到明末清初揭裱时画一尖嘴立牛，正在张口嘶叫，殊碍原画意境，故1973年新裱时揭下，留存归档，不再复原。"

王开儒对此说表示怀疑，认为张择端不会出现这种败笔。此后，他在故宫古书画保管部的档案中查到了被删除的画面。删除的画面虽不太清楚，但依稀可以看到一老者和一小儿，老者身后有一木柱，木柱上方拴着的不是"尖嘴立牛"，而是一头狂态的驴。

王开儒认为，这正是张择端原作画面上的一个精彩部分。画面蕴涵的情节可能是，一对夫妻扫墓归来，妻子披斗篷骑一公驴在前，丈夫头缠柳枝跟在驴后，正巧与路旁牵着一头母驴的老者相遇。此时母驴正在发情，公驴见到发情母驴，狂奔而来，将女主人掀翻在地，而母驴则张嘴嘶叫，耳失常态，腰向上弓，拼命挣向公驴。牵驴老者慌忙一手拽缰，另一手招呼前面的小儿赶紧躲开。

这本是一个极富有生活气息的精彩细节，但当时的专家误将发情失态的母驴视为"尖嘴立牛"，并认定这与原画意境不符，因而删除这一画面。

王开儒说，千古神品《清明上河图》被删成"残废"，实在令人痛心，希望有关方面能将误删的部分补齐。

为了证实"补绢"上画的到底是驴还是牛，王开儒请很多国内知名的动物学家对《清明上河图》进行了研究，这些专家都认为，当年缺失的地方确实是一头驴。

中国农业大学动物科技学院的杜玉川教授告诉记者，《清明上河图》"补绢"中，木柱侧方不是牛而是耳朵很长、嘴张开、头颈高扬的驴。"补绢"中驴的行为，是驴受到某种刺激后的一种表现，如公驴嘶叫，母驴发情……牛耳较短，生于角下方，不可能像驴一样高扬；而且牛嘶叫的时候头颈低平、前伸，与驴的姿势完全不同。

　　故宫博物院书画部一位专家表示，《清明上河图》上这块摘除的绢，是明末清初时补上的，补绢的质地比原绢要粗糙很多，"当时的修裱工人把屋草棚上两根交叉的横杆误认为是驴子的嘴部，于是便补画上了一头身材肥硕的驴子。之所以决定将其删除，是因为这块补绢补得不好，绘画水平很低，破坏了画意"。

　　至于《清明上河图》补绢中所绘的动物，故宫的权威鉴定专家也是经过反复研究才把它定义为"尖嘴立牛"的，民间的其他说法不可信。

　　为什么揭掉补绢后原画上还残留两只驴耳呢？故宫博物院的专家解释说，这对驴耳朵也是上次补绢时，为配合驴子的整体形象而补画上去的。它们没有画在补绢上，而是直接画于原绢上。为了最大限度地保护原绢，便在无奈中将这对耳朵也保留了下来。

　　为了证明自己的判断，王开儒请中国纺织科学院研究检测中心，对《清明上河图》全图的天然片和删除部分的天然片进行了"绢织物质地是否相同"的检测。中国纺织科学院研究检测中心出具的检测证明显示："将天然片放在400倍显微镜下观察，看不出天然片中绢织物的形态效果有区别。"

　　王开儒说："从这份检测证明中可以看出，故宫1973年删除的，不是什么后代的补绢，根本就是《清明上河图》的原绢，是国之重宝——北宋张择端的真迹。删除后的画面，不但与原作风格有悖，而且成为令人读不懂的残画，会给子孙后代留下千古遗恨。……必须把1973年删除的部分重新补上，还国宝原貌。"

"随侯珠"是什么东西

人们常说的"春秋二宝",乃指"随侯珠"及"和氏璧"。"和氏璧"因"完璧归赵"这个典故而家喻户晓;而"随侯珠"虽然也有"随珠弹雀"的典故,却不太为大家所熟悉。关于"随侯珠"还有一个神话传说呢!

据《随州志》记载:春秋随侯是汉东国姬姓诸侯。随侯出游,见一大蛇伤断,顿生怜悯之心,令人以药敷而涂之,蛇愈,于夜中衔大珠以报随侯救命之恩。

据《搜神记》记载:"随县溠水侧,有断蛇丘。随侯出行,见大蛇被伤中断,疑其灵异,使人以药封之,蛇乃能走。因号其处'断蛇丘'。岁余,蛇衔明珠以报之。珠径盈寸,纯白,而夜有光明,如月之照,可以烛室。故谓之'随侯珠',亦曰'灵蛇珠',又曰'明月珠'。"《淮南子》中也有类似记载,只有"蛇于江中衔大珠以报之"一句稍有不同。现在湖北省随州市城内,还有"断蛇丘"、"夜光池"等地名。

那么,随侯珠究竟是神话的产物,还是现实世界的客观实体呢?

许多人认为,随侯珠应是客观现实中的实体,它应当是一颗熠熠生辉、照夜如昼的夜明珠。古代有不少关于夜明珠的传说,而且还写进了诗篇。

"随侯珠"究竟是何物呢?

根据现代科学研究,知道珍珠是贝类动物的特殊胶体胶结起来的碳酸钙晶体。每颗珍珠含90%以上的碳酸钙和4%左右的水分,珍珠表面是一层光彩的角质素,水分子多胶含在其中。珍珠就是靠了这水分使其闪亮生辉。晚上没有光亮,珍珠是不可能发光的。而且,长期不使用的珍珠,容易跑掉水分,大约经过六七十年就会使水分失去一半,光泽大减;若再过六七十年就会变成一块泥土了。由此可知,珍珠的寿命也不长。据说:"1900年,李

△ 随侯珠

鸿章与瓦德西订了条约，赔偿四万万两白银，慈禧太后将头上的四颗夜明珠摘下来，作为信物，派遣一个小宫女送去。小宫女见到要把宝贝送给外国，非常气愤，就拿了宝物隐入民间。后来，在西安发现了四颗明珠，并经郭沫若考证，这正是失踪多年的慈禧头上的夜明珠。"这四颗夜明珠传到慈禧太后手中之前，至少已有几十年的历史，照此推算到郭沫若考证时，至少有100年的历史，如果是珍珠的话，早已该"人老珠黄"了，怎还能"放出耀眼的白光"呢？因此，根据上述两个原因，随侯珠不可能是珍珠。

《史记·邹阳传》中记有"随侯之珠，夜光之璧"。璧者，玉也。历史文献上记载和氏璧是"光彩射人"的玉石，随侯珠也应是一种能发光的玉石。现在已经知道，自然界许多矿物和岩石都能发光。如磷在空气中氧化能发光；萤石发光，因萤石中混入硫化砷；钻石能发光，因为其成分中含有磷质，它们在白天经太阳曝晒，发生"激化"，晚上就会释放出能量来，变成美丽的蓝光或蓝色火焰。

近年科学发现，似乎更加证实了这种观点。

1982年11月，广东省冶金地质勘探公司地质科霍永锵等人，到广东某矿山考察，在选矿带上发现了一种浅棕色的萤石，在无光亮的夜间，相距3米远即可看到清晰的光。光呈浅蓝、浅绿、浅紫到深紫色，非常美丽。

随侯珠应确有其物，而且应当是一颗可发光的、十分珍贵的萤石，只不过像"和氏璧"一样已经失踪了，要知道它的真相还得找回原物。

中国古代九鼎的下落

战国后期，周王室已是奄奄一息。据《战国策·东周策》所载：周显王时期，秦国兴兵临周，企图夺取九鼎。周求救于齐，迫使秦国退出兵马。但强秦岂能善罢甘休，后来秦昭王终于灭掉了东周。至于九鼎的下落，由于史料记载的不一，因而形成了一个不解之谜。

最早记载九鼎下落的是司马迁的《史记》，但在《史记》中便有两种不同的说法。一说从周入秦，《史记·秦本记》说：秦昭王五十二年（公元前255），东周赧王死后，"取九鼎入秦。"就是说，九鼎落入了秦王之手。二说东周时即下落不明。《史记·封禅书》说："周德衰，宋之社亡，鼎乃沦没，伏而不见。"九鼎早在东周时便已遗失，与秦无关。

西汉有个名叫辛垣平的人上书给汉文帝说，周鼎沉没于泗水。臣望见东北汾阴有金光宝气，可能是周鼎重新出现。汉文帝听信了，在汾阳建了一座庙，恭请宝鼎降临。可惜的是，汉文帝在世时，宝鼎也没有降临。半个世纪后，他的孙子武帝倒在汾阳发现了一个古鼎。为了

△ 中国古代青铜鼎

庆贺，还特意改年号为元鼎。不过从史书记载来看，汉武帝找到的鼎和九鼎并没有任何关系。

到了东汉，班固在《汉书》中也是兼收两说，但又补充了另外一个证据。《汉书·郊祀志》记载："周显王之四十二年（公元前327）……鼎沦没于泗水鼓城（今徐州）下。"即据当时民间传闻，秦灭周前九鼎就沉没于泗水中了。这一说法似乎颇为当时人们相信，秦始皇出巡路过鼓城时，便派人去泗水中打捞过。结果拴鼎的绳子被"龙齿"咬断，没有成功。这一传说，在近年来出土的画像中可以得到佐证。后来有人推断这些都是无稽之谈，但这至少说明九鼎并未全部入秦。

唐人张守节提出一个折中的看法：周赧王十九年（公元前296），秦昭王便从周室夺走了九鼎，其一入泗水，余八入秦。但他的说法没有提供资料来源。清人全祖望、沈钦韩对上述传说公开表示怀疑。后清代王先谦则在《汉书补注·郊祀》中提出一个新的看法。他认为：九鼎在东周时已经销毁，原因是周王室为防止诸侯强国争鼎，并解决经济困难，便毁鼎铸钱了。对外则诡称丢失，不知去向，但纵观我国古籍，还从未发现古人关于鼎被毁的历史记载。九鼎既然是被周视为天命所在，也只能与社稷共存亡，岂有因诸侯觊觎而自行销毁之理。况且九鼎铸于夏初，器形不会太大，楚庄王曾以郧夷的口吻说："楚国拆钩之喙，足以为九鼎。"（《史记·楚世家》）可见九鼎之"重"。九鼎的重并不在于它的重量，而在于王权的象征。

九鼎何处寻？九鼎的出现和消失为后人留下了许多疑团。古代历代史籍关于九鼎的材料虽多，但不是自相矛盾，就是没有可靠的依据。好在一点是凡记载九鼎的史籍中，都没有九鼎被毁的确切记载。因此我们只有寄希望于考古工作的进展。

南越王的宝藏之谜

赵佗是秦汉间著名的历史人物，他原为秦朝将领，秦朝末年，中原动乱，赵佗在岭南建立了割据政权——南越国，自命为南越武王。他治国有方，不久，岭南一带便逐渐繁荣起来。

公元前137年，赵佗以百岁高龄而寿终，他在生前就对自己的死后事做了十分周密的安排，选择了迥异于当时习俗的方法，秘密埋葬。为防盗墓，还设了许多疑冢，因为在赵佗的墓中，埋藏了大量他生前喜好的奇珍异宝。

由于赵陀的墓地十分神秘，其确切地点一直说法不一，而其墓中的宝藏更令许多人心驰神往。三国时期，吴主孙权为找南越王的宝藏，派特使吕瑜带兵数千人，到岭南一带，凿山破石，掘地三尺，几乎刨遍了广州附近的大小山冈，结果一无所获。此后，历朝历代又有不少人，根据各种记载，前来岭南寻宝，但都是枉费心机。

近30多年来，随着现代考古学的发展，赵佗墓成为考古工作者的重点考察对象。他们在广州找到了数百座南越王国的墓葬，出土了不少有价值的文物，但仍然找不到赵佗之墓的影踪。1983年6月，考古工作者在广州北象岗，发现了赵佗之孙南越文王的大型石室墓，此墓凿山为陵，深藏于象岗腹心20米处。

这一重大发现，极大地鼓舞了考古工作者，增添了他们对寻找赵佗墓的信心。过去，大家一直以为，赵佗墓会离广州城很远，通过南越文王墓的发现，大家又有了新的认识，推测南越王之墓也可能就在广州城附近越秀山下。我们期待着南越王的宝藏，得以早见天日。

秦朝十二铜人的下落

　　秦始皇为了巩固第一个封建王朝的政权，在平定天下不久，除了在原来政权机构的基础上调整和完善统一的、中央集权的封建国家机器，建立一套从中央到地方的、严密的统治机构和封建官僚制度外，还采取了一系列其他措施，其中有一条就是下令收缴天下兵器，铸成十二铜人，立于咸阳。

　　令人感兴趣的是，中国第一位封建皇帝秦始皇为什么要铸造这12个铜人呢？这主要有以下两种说法。一种说法是：有一天，秦始皇梦中遇到天象大变、昏暗无光，且鬼神作怪，遂惊恐不已，在万般无奈之际，有一道人前来指点迷津：制十二金人，方可稳坐天下。秦始皇梦醒后，即下令将全国的兵器收缴集中于咸阳，铸成十二铜人。有的学者指出，秦始皇一生极信方士道人之言，再联系到开国不久的担忧心情，此说是可信的。另一种说法是：秦始皇在统一全国后，始终在忧虑和思考着如何长治久安、使江山传之万世的问题。而要坐稳天下、江山永固，首先要解决的一个问题就是应该收缴和销毁流散在民间的各种兵器。关于这一点，还流传着这么一个故事：一天，秦始皇在群臣陪同下，观看舞水火流星和各种杂耍，正在兴高采烈之时，忽见一队杀气腾腾、手执刀剑干戈的武士上场表演。秦始皇见了，无疑触动了心病，于是日思夜想，寝食难安。这时候，正逢临洮农民送来一条消息，说是见到12个巨人，当地还盛传着一首童谣说："渠去一，显于金，百邪辟，百瑞生。"秦始皇听后，正中下怀，情绪为之一振。于是便假托征兆，借助天意，下令收缴民间所有的兵器，集中于咸阳，铸成了12个铜人。应该说，秦始皇收兵器造铜人，完全是出于政治上安定的考虑。至于说假传天意，只是使之合法化的一种策略，这是不少统治者所惯用的伎俩。

　　可惜的是，今人已见不到这12个铜人的踪影了。它们究竟到哪里去了呢？目前，人们主要有以下几种不同的说法：

一、有人认为，楚霸王项羽在攻克秦都咸阳、火烧阿房宫时，连同这12个铜人也一起烧毁了。由于此说史无明载，故赞同者甚少。

△ 秦朝十二铜人示意图

二、有的学者指出，这12个铜人毁于董卓、苻坚之手。东汉末年，董卓率兵攻入长安，便将其中的10个铜人销毁、铸成铜钱，剩下两个被他迁到长安城清门里。至三国时，魏明帝曹睿下令把这两个铜人运往洛阳。当工匠运到灞城时，由于铜人太重难以搬动而终止了运行。到了东晋十六国时，后赵的石季龙又把这两个铜人运到邺城。到了前秦的秦王苻坚统一北方后，再从邺城将这两个铜人运回长安销毁。至此，前后经历了约600年的铜人全部都销毁了。

三、另有一种说法是，这12个铜人并未被毁掉。由于这12个铜人是秦始皇生前的喜爱之物，所以在秦始皇陵墓营造好后，这12个铜人和其他精美的物品一起被当做随葬品而葬于陵墓之中。

由于一些技术等方面的原因，秦始皇陵墓的发掘工作还不能展开，因而十二铜人的下落问题至今仍是未解之谜。或许只能到了秦始皇陵墓开掘的那一天，这个谜才能解开。

瑞兽葡萄纹铜镜为何称为"多谜之镜"

　　唐朝社会经济发展的一个重要方面，是手工业的兴盛发展。在金属铸造业中，铜镜是著名的产品。唐朝的艺术家们、工匠们在这个领域内作出了卓有成效的贡献。他们铸造的铜镜一洗汉式拘谨板滞之态而作流畅华丽之姿，取材也一变矫揉造作的神话模式而偏重于自由写实或故事，铸造手法也由繁乱纷杂而转为清鲜优雅。瑞兽葡萄纹铜镜就是唐镜中引人注目的镜类。

　　唐朝的瑞兽葡萄纹铜镜曾被日本学者称为"多谜之镜"、"凝结了欧亚大陆文明之镜"，小小的照面用具竟然引起了学者们如此大的兴趣，原因何在呢？还是让我们从这面镜子说起吧。此镜于1958年在陕西西安独孤思贞墓出土，圆形，直径16.9厘米，周边及中部各有凸棱一周，钮为一伏卧怪兽。自钮至镜缘，花纹可分为三组，近钮处的一周为瑞兽葡萄纹，在繁密的葡萄中，六只叫不出名堂的瑞兽环绕镜钮。第二组为鸟、蝶与葡萄纹，在累累的葡萄果实中，小鸟仿佛在鸣和，蝴蝶在翩翩起舞。第三组为宝相花一周。类似的铜镜1972年在日本奈良高市郡明日香村高松冢古坟也出土了一面，日本学者对其流行年代展开了激烈的争论。中国学者王仲殊将独孤思贞墓出土的这面铜镜和高松冢古坟出土的铜镜进行了比较，惊奇地发现，高松冢古坟出土的铜镜直径16.8厘米，重1220克，独孤思贞墓出土

△ 瑞兽葡萄纹铜镜

铜镜直径16.85厘米，重1210克；两镜皆作伏兽状，内区花纹是六个瑞兽，并配以葡萄及枝叶；外区花纹由许多兽、鸟、蝶及葡萄纹组成；内区与外区之间有一周凸棱相隔，缘都呈斜面内倾，遍饰云花纹。这样，从纹饰、尺寸和重量上看，这两面铜镜应该是同时代的。王仲殊先生的研究，不仅解决了日本高松冢古坟年代问题，也给这两面铜镜增添了一衣带水的深厚情怀。

△ 瑞兽葡萄纹铜镜　方形

那么，这种瑞兽葡萄纹铜镜究竟谜在哪里呢？首先是镜中的瑞兽曾被命名为"海马"、"海兽"的称呼，由于最初给它们命名的人都未加解释，故不知名称的来由。其后的学者纷纷推测。有的认为"海马"并非铜镜纹饰中的兽，而原来是古代伊朗与祭祀有关的一种神圣植物，东传后讹变为"海马"。有的认为"海马"可能是指海外来的马的意思，或者把"天马"说成"海马"。有的学者甚至认为"海马"为"青海之马"的略称。其实根据铜镜上的兽形来看，并不都是马，形态与瑞兽相似。其次是瑞兽与葡萄纹组合在一起的来源和寓意。日本学者原田淑仁认为葡萄纹镜的图案是从波斯和拜占庭等传来的，到了中国以后与六朝末唐初的四神十二生肖镜、四兽镜、六兽镜等纹饰融合起来形成的。另一位日本学者滨田耕作认为葡萄纹从西方传到中国时，附随有鸟兽的图案也同时传入了。瑞兽葡萄纹不是在中国发达起来的，其起源是在西亚波斯地方。其实，瑞兽和葡萄结合在一起也没有什么奇怪的。从史籍记载看，葡萄已经在汉武帝派遣张骞出使西域后带回来种在上林苑了。相传西汉权臣霍光的妻子曾经送给淳于衍葡萄纹锦二十四匹，说明当时的丝织品中已有葡萄纹了。到了唐代，葡萄的种植及以它为纹样已经相当流行了，因此铜镜上出现葡萄纹是可以理解的。此外，瑞兽纹饰在中国自有传统，在六朝、隋、初唐铜镜上颇为盛行。所以瑞兽葡萄纹铜镜实际上是把在中国流行的两种纹饰结合在一起。当然我们也可以推测：随着中西文化交流的频繁往来，通过丝绸之路传来的文化艺术中有瑞兽葡萄纹，在它的影响下，中国的艺术家、工匠们很容易把已在中国流行的两种纹样巧妙地结合起来，形成自己的民族风格纹饰。这就是希腊、罗马、波斯等建筑装饰和器物上的瑞兽葡萄纹与中国瑞兽葡萄纹铜镜有区别的原因吧。

《永乐大典》正本被嘉靖皇帝带入永陵了吗

在中国国家图书馆的地库里，收藏有161册举世闻名的《永乐大典》。从明成祖朱棣编写《永乐大典》至今，已经有600余年。在漫长的岁月中，《永乐大典》经历各种不幸遭遇，丢失了一万多册。目前全书仅有不足4%，400册左右的《永乐大典》流散在世界各地。然而，专家们发现，目前全世界所能见到的《永乐大典》都有一些共同特征：每本书的书后都注明了当时的重录官员，而这些官员全都是明朝嘉靖皇帝时期的官员。

这就是说，目前世界上所有能见到的《永乐大典》都不是永乐年间编撰的。那么，《永乐大典》除了永乐年间的这个版本之外，到底还有几个版本呢？据史书记载，《永乐大典》修成之后，明朝各代帝王中查阅过《永乐大典》的却寥寥可数。

一、嘉靖皇帝对《永乐大典》有特殊的兴趣

明世宗嘉靖皇帝却是一个例外。即位于1521年的嘉靖皇帝在明朝历史上并不是一个光彩的角色，在位45年，崇信道教，朝政昏庸。然而，就是这样一个皇帝，却似乎对《永乐大典》产生了特别的兴趣。与其他皇帝不同，嘉靖皇帝的案头常常放置几册《永乐大典》以便随时翻阅。

一直以来，嘉靖皇帝很想将《永乐大典》重录一部，多次同大学士徐阶谈过。但这个想法都因为工程过于浩大，重录难度太高，而被搁置下来。嘉靖皇帝当然也应该非常清楚，要重录这样一部大型书籍，其难度可想而知。那么，又是什么事情让嘉靖皇帝下定决心，克服各种困难，开始重录《永乐大典》呢？

据史书记载，1557年4月，皇宫发生大火，火势连绵。存放《永乐大典》的文楼受到威胁，情况非常危急。大火消息传来，让嘉靖皇帝感到最为担心的就是《永乐大典》的安全。他一夜下了三四道命令，令左右登上文楼督促抢救《永乐大典》。幸亏抢救及时，《永乐大典》才能逃过这次浩劫。嘉靖皇帝因此心有余悸，决心将《永乐大典》重新抄录一部，"两处收藏，以备不虞"。

大火之后的第五年秋天，工程浩大的重录工作正式开始。对于这样一部史无前例的大类书，重录官员选择了按照原本进行"对本抄写"这个最为简单也最为正确的方法。工作进行了整整六年，直到嘉靖皇帝去世，重录工作还在进行着。新皇帝明穆宗即位之后，重录工作才得以完成。

据史书记载，重录的《永乐大典》在内容、格式、装帧方面与原本如出一辙，令人叹为观止。此后，《永乐大典》便有了两个版本。现在人们习惯于把永乐年间的第一个版本称为正本，把嘉靖年间的重录本称为副本。这就是说，国家收藏的所有《永乐大典》全都是明朝嘉靖时期的副本。

二、《永乐大典》正本失踪

不仅如此，历史上被八国联军毁掠的是明嘉靖后期重抄的副本，流失海外和国内陆续搜集的残本也均为嘉靖重录副本或其抄本。而《永乐大典》的正本至今一卷也没有发现，并且其下落也一直不见准确的记载。这就是说，《永乐大典》正本失踪了！

11095册《永乐大典》正本已经彻底消失了几个世纪！《永乐大典》正本究竟何去何从，它还存在于这个世界上吗？如果存在，它到底在哪里？如果已经不存在于世界上，它又是什么时候，被谁，用什么方式毁灭的？对于正本的下落，为什么历代史书中不见任何准确记载？

围绕着《永乐大典》正本的是一个又一个讳莫如深的谜团，甚至有学者将之称为"中国书籍史上的最大疑案"。关于正本的第一种说法，毁于清乾宫大火说。第二种说法是毁于明亡之际说，说穿了，就是被李自成焚毁了。

尽管众说纷纭，说法不一，但一个不可改变的事实是，几百年来，《永乐大典》正本却从未现身过。

以记录史实翔实著称的明朝官修史书《明世宗实录》中，有这样一段关于《永乐大典》的记载："上（嘉靖）初年，好古礼文之事，时取探讨，殊宝爱之。”

栾贵明先生是当今研究《永乐大典》的权威学者，他引用《明实录》等大量文献记载的确切史实指出，《永乐大典》是嘉靖帝“殊宝”爱之的珍品。他登基以来，更将其作为必备的参考经典，并时常在朝廷上引用。嘉靖三十六年宫中的意外失火，嘉靖立即命左右登上文楼，抢运出《大典》，一夜中竟下谕三四次，焦急失态，足见《大典》在他心中的分量。更值得注意的是，嘉靖帝最器重的文官徐阶已向他奏明，重录不可能很快完成，只能“对本抄写”。嘉靖则明确强调，“重录”是为“两处收藏”。

“两处收藏”是否暗示着什么呢？栾贵明认为：为了拨开罩在《永乐大典》上的重重迷雾，必须抓住《永乐大典》正本最后一次出现前后的事件。《永乐大典》正本最后一次出现是在什么时候，这期间到底发生了什么？

栾先生认为，《永乐大典》正本最后的出现时间是在嘉靖的丧葬期间，因此，他认为这两者之间应该有密切的关联，从这个地方追踪下去，或许可以有意外的发现。在《明实录》中有关嘉靖丧葬和《永乐大典》重录两件事的大量记载中，几个一直以来不为人所注重的日期引起了栾贵明的注意。

“嘉靖四十五年（1567）十二月十四日（庚子），嘉靖帝崩，年六十，在位45年。”

“三月十七日（壬申），嘉靖帝入葬永陵。”

“四月十五日（戊戌），隆庆帝赏赐重录《永乐大典》成者。”

一般研究者认为，《永乐大典》副本抄完，是在隆庆元年四月。而嘉靖已于上一年十二月“崩”，看来另存的“他处”究竟在哪里，似乎与嘉靖帝没有关系。说到这里，争论的焦点似乎都已集中在嘉靖帝身上。

栾贵明研究发现，礼仪日程表明，嘉靖皇帝是在死后三个月才下葬，此时已经到了隆庆元年三月。而新皇帝表彰抄写人员的日期是在隆庆元年四月，但这并不是抄录完成的最后日期。所谓抄录完成的日子应当在四月之前。这是一个符合逻辑的推理，这样看来，嘉靖皇帝下葬和副本重录完成在时间上更加靠近了。

可是却从此时起，《大典》正本的去处就音信杳然。嘉靖的丧葬与正本的失踪如此巧合，这难道真的是某种巧合吗？中国古代皇朝修典既成，在大肆张扬进呈褒奖的同时，必然会记载该书典藏于何处，并在官修书目中着录，以彰炳皇恩浩荡。这已是历代皇帝修典的定式。《永乐大典》的重录却没有这样做，成为仅有的特例。这是为什么？

历来以简明扼要著称的《明实录》，记载皇上对《永乐大典》重录大臣的表彰及爱怜之情，连篇累牍，不厌其繁，是《明实录》中少有的长篇大论，可偏偏没有提及《永乐大典》正、副二本分藏在什么地方。

当然，如果记载出一处来，另一处究竟在哪里，便会引出更大的疑问。那么，这是不是有意的隐瞒呢？由此栾贵明认为：《永乐大典》正本的消失，带有明确人为的突然性质。而人为的焦点显然在嘉靖皇帝。他并不是一个有作为的皇帝，但却比任何人都更加珍爱《永乐大典》；他对《永乐大典》的重录倍加关注，却又给后人留下了暧昧的"两处收藏"。在他下葬之后，《永乐大典》正本也从此销声匿迹。

三、嘉靖皇帝以《永乐大典》陪葬？

那么，一个更值得我们关注的问题就是，他究竟把《永乐大典》正本带到哪儿去了呢？

对于中国古代帝王来说，死后要带走自己生前所喜爱的东西，无一例外的都会选择陪葬这种方式。而对于嘉靖皇帝的丧葬，令人立刻联想到他自己几乎经营了一生的地下皇宫——永陵。永陵，始建于1536年3月，建成于1548年5月，历时12年。

史实表明，这个时期，明代经济发展最好，政治稳定，国力强大。嘉靖修建永陵的同时，行有余力，还大规模地修复了前七陵，加建气势恢弘的石牌坊等重要建筑。据史载，为此朝廷每月专用资金达二三十万两白银。其间，他亲自视察督工达11次之多。永陵是十三陵中最大的一座，它的地宫规模超过定陵，还很可能在长陵之上。

嘉靖皇帝修建如此大规模的永陵，是否在环境上对珍藏《大典》正本作了充分的考虑呢？沉寂了几百年的永陵能给我们什么答案呢？一个偶然的机会，中国科学院地球物理研究所的姚振兴院士和王谦身研究员对这个问题发生了兴趣。两位专家大胆地构想缘起于几年前做过的一次微重力测量试验，试验的对象是十三陵中的另一座陵墓——定陵。定陵是明神宗朱翊钧的陵墓，他在位共48年，是明朝在位时间最长的一个皇帝。他生前奢华淫逸，陵墓的规模豪华巨大，仅次于明成祖朱棣的长陵和嘉靖皇帝的永陵。但是，定陵的受人关注却是因为另一个更为重要的原因。定陵是十三陵中第一座也是唯一一座被打开地宫的陵墓。

定陵的发掘开始于新中国成立不久的1956年。历时两年多的发掘工作，终于打开了在地下沉睡400多年的地下宫殿。定陵地宫被打开，带给人们震惊的除了那些绚丽多彩的陪葬品之外，更让人们第一次看清了这神秘的地下宫殿的模样。现在，定陵地宫的规模形状已经非常清楚地呈现在我们眼前。这种前、中、后、左、右五殿分别由三条隧道相连的结构被专家们称为"五室三隧"结构。那么，用微重力方法对定陵地宫进行测量，会得到什么结果呢，它能正确反映定陵地宫的规模形状吗？

王谦身和他的同行开始了这项工作的摸索。微重力方法属于无损探测，不会对地面和地下建筑造成损害。王谦身和他的同行们希望能为地下考古探测寻找到一条新的有效途径。结果很快出来了，一张关于定陵地宫的重力场分布图呈现在专家面前。按照专家们的分析，线条越密表示重力越大，线条分布越疏，表示重力越小。

专家们惊喜地发现，这张分布图与定陵地宫的形态非常吻合。这也就是说，重力线条稀疏的部分正是地宫的位置所在。定陵地宫的重力场分布图和地宫形态相吻合，给专家们带来了一个好消息。但是，面对永陵这样一个未被开掘，处处充满神秘色彩的陵墓来说，如何取得有效的重力数据，掌握永陵地宫准确的位置规模，成了摆在姚振兴和王谦身面前的一个棘手的问题。按照专家们的设想，为了存放体积巨大的《永乐大典》，永陵地宫也许会比定陵地宫多出一到两个侧殿，这应该是保存《永乐大典》的书房。

按照这种假设，永陵地宫的重力场分布图比定陵地宫的重力场分布图将更为复杂，但应该和设想的地宫形态相吻合。让我们再更为大胆地假设一下，如果永陵地宫的重力场分布图确实显示比定陵多了两个侧殿，那么，这个结果意味着什么呢?

如果永陵地宫比定陵地宫多出一到两个房间,那么存放《永乐大典》的可能性就比较大。如果没有多出两个房间,就要看情况了。如果地宫规模大,也有存放的可能。但如果规模和定陵差不多大,这种存放《永乐大典》的可能性就比较小了。

当然,《永乐大典》正本是否作了嘉靖皇帝的陪葬物,在打开永陵地宫之前,只能是一个合理的推想。在目前技术条件不够成熟,不足以保证被开掘陵墓及陪葬物品安全的情况下,对于现在的人们来说,更为现实的课题是:如果《永乐大典》正本确实保存在永陵地宫中,经过400多年的岁月,它们是否依然能保持完好? 一旦将来有可能出土,我们应该怎么更好地保护《永乐大典》?

经过400多年的岁月,永陵显得有些面目沧桑。如今,永陵和它的主人嘉靖皇帝却因为寻找《永乐大典》正本成为人们关注的焦点。如果《永乐大典》正本被嘉靖皇帝带入永陵,将来正本的出土无疑将让整个世界为之震惊。

然而,这一切猜想在打开永陵地宫之前只能是一个理论上的假设。消失了几个世纪的《永乐大典》正本,也许还有更多未解的谜团,等待着人们去不断地探寻。

内藏"暗道机关"的古魔壶之谜

20世纪60年代，陕西省宾县在对一段废旧的城墙进行维修改造时，一件不太引人注目的瓷壶在古城墙下被挖出。当将这个不起眼的瓷壶清洗干净后，在场的古陶瓷专家对这件造型别致、装饰精细的古瓷壶感到十分惊讶。

这是因为：它表面润泽有光，壶呈圆形，有盖却不能打开；它全身雕刻有花纹，造型生动而又逼真；它腹饰缠枝牡丹丰满华贵颇具立体感；说它是壶，可又不知应该从何处把水灌入壶内。

面对这样一件让人费解的器物，专家们暂且把它称作魔壶。

一、魔壶之美

像所有的出土文物一样，魔壶通体带有一种神秘、沧桑、悠远的美。它强烈地吸引人的目光和注意力，不管是远观还是近赏，这只壶都能给人一种美的享受。

魔壶的外观呈现出灰白色，淡淡的釉色中带有些微青灰色，润泽有光。

壶的提梁是半圆形，好似一只飞翔中的凤凰，轻轻地落在了带有莲花的壶盖上。壶嘴出水处却似一只狮子张开的大口，其造型生动逼真，连狮子的牙齿都清晰可见。壶的腹部雕有缠枝牡丹，雕工精细颇具立体感。壶的底座上还装饰有精美的莲花纹饰。

从陶瓷工艺的角度看，魔壶胎体坚固，质地细腻，整体造型丰满华贵。特别是，这只壶用"凤凰"做提梁，以"狮口"做壶嘴，壶身缠绕有富贵牡丹，这不由得让人联想到凤凰为鸟中之王，狮子为兽中之王，牡丹为花中之王，集"三王"的灵气、霸气、美艳于一身，看来此瓷壶决非等闲之物！那么，它到底是作何用途呢？

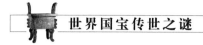

二、魔壶之谜

当专家们观赏了魔壶的美之后，发现了一些"谜"。这些谜曾让当今的专家们一度百思不得其解。

谜1：这个精美的器物，如果是一个壶，无论是用来盛水还是用来盛酒，它总应该有一个入口吧。可此壶虽然有"盖"，但壶盖与壶身设计制作为一体，根本无法打开。古人总不可能将酒或水从壶嘴注入再倒出来吧。

谜2：更令人奇怪的是，壶的底座有一个除壶嘴外唯一能进入壶的内部通道。于是专家试着将水顺着梅花孔注入壶内，这时水并没有从壶嘴流出来。可是令专家没有想到的是：将壶身正过来以后，水也并没有从壶底的梅花孔泄露出来，如果此时将壶身轻轻倾斜，水反而能从壶嘴正常地流出。

这是一只什么壶？在这只神秘的壶中到底藏有什么样"暗道机关"呢？

三、魔壶之智慧

为了解开魔壶的秘密，专家们用现代科技手段，对魔壶进行了X光"透视"。于是，他们领略了古人的智慧，感知了先人的伟大。

通过魔壶的剖面图，专家看到壶里面有两个导管，以此可以判断出，魔壶实际上是一只倒流壶。倒流壶是一种可以把液体从壶底注入，并从壶嘴正常倒出的壶，是根据物理学中的"连通器液面等高"的原理做成的。这个原理是：连通器中只有一种液体，且液体不流动时，各容器中的液面总保持相平。

因此，魔壶之所以没有可以掀开的壶盖，却在壶底留有一个神秘梅花形孔洞的谜就迎刃而解了。

据史料记载，这种壶在我国的唐宋时期就已出现。随着时间的推移，倒流壶的制作水平越来越高，后来还可以被做成具有多个内胆的，可以从一只壶内倒出不同液体的形式。由此看来，很多年前，我们的老祖先们就已经了解和会运用这个液面等高原理了。

可是早在1000多年以前，古人又是用什么方法制作出倒流壶的呢？经过专家们的研究和现场示范，原来倒流壶在制作过程中也是要"倒"着做。需要先用陶泥拉出壶形，再将准备好的导管放进壶胎内部，然后再将成型壶口封上，进炉烧制。

就是这个烧制陶瓷的窑炉，当时的陶瓷工匠也掌握了先进技术。根据考古分析，在唐代，耀州窑的烧窑温度就已经达到了1310℃。能达到这样一种高温主要归功于一种窑顶完全封闭的马蹄窑。这种窑的先进之处在于，当火从火塘升起后先到窑顶，因为窑顶是封闭的，火只能沿着窑床往下运动。这样在火焰从窑底到窑顶的运动过程中，就可以对窑内的产品进行均匀烧制，最后的火从底部烟道排除。

由于倒流壶没有可掀开的盖，因此比起现在生活中我们常用的壶，密封得更严实，灰尘不能落入壶内，也就更卫生。好多外国人在参观了倒流壶后钦佩地说：1000多年前，你们老祖先就知道密封和讲卫生，真了不起。

其实倒流壶的"玄机"并不完全在这里，它的出现，展示了古人在陶瓷作品的设计、制造、烧制等各个环节上具有的先进工艺和高超水平。

四、魔壶之启迪

关于这种壶的叫法，现在有好几种，比如倒流壶、倒灌壶、倒装壶等。实际上它叫什么名字并不重要，重要的是它能给我们现代人一个启示。这就是倒流壶在利用了一个科学原理制成后，同时还说明了一个生活哲理。这就是：倒既正，正是倒，倒的终点为正，正的终点为倒。这样一个看起来匪夷所思的道理，其实就是告诉众人：做任何事情都是不要超越限度。

通过对壶的花纹、雕刻技法以及过去在耀州出土的古陶瓷的对比研究后，专家确认，这个精美的陶瓷壶是耀州陶瓷发展之初的作品。

在我国的五代时期，现在的陕西省铜川市一带被称为京兆华原。从那时起，当地就开始生产陶瓷，被称为耀州陶瓷。到了宋代，耀州已有11万户工匠烧窑作瓷。耀州窑与宋代的汝、钧、官、哥、定五大名窑享有同样的声誉。它的青瓷釉色光洁明亮，胎体玲珑多变，是我国古瓷艺苑中一朵绚丽的奇葩。元代后期，耀州窑一跃成为西北地区的瓷业基地和最大的烧造区。明清时期，耀州的陶瓷业达到鼎盛，炉火昼夜不熄，故有"炉山不夜"之称。

如今这个被称为国宝的倒流壶，作为铜川市的荣誉象征，永远镶嵌在了这块土地上。如果有机会，希望你能亲临铜川，一睹"魔壶"的风采。

"一捧雪"宝杯之谜

明朝嘉靖年间（1522—1566），江苏省太仓县有一个官员名叫王抒，他曾带兵负责河北到辽宁一带的边防。在他的家里，保存有一只玉雕的杯子，洁白晶莹，玲珑剔透，被当做传家之宝。

这只价值连城的宝杯，数百年来无人能解开它的奥妙。那就是每当炎热夏天到来的时候，向杯里倒进滚烫的开水，水会立即自动冷却下来，像雪水般清凉，仿佛是一捧冰激凌，因此被取名为"一捧雪"，并成了闻名远近的稀世珍宝。可是不久以后，这件玉雕宝杯被当朝的奸臣严嵩父子知道了，他们想谋取这件珍宝，便下令王抒将宝杯进献到严府来。王抒不忍世世代代的传家宝就这样落入奸臣严嵩的手里，于是便请人暗地里连夜赶雕一只仿制品派人给送去。不料此事被一个裱褙匠知道，他跑去向严嵩告密，于是严嵩大怒，便借口倭寇窜犯沿海与王抒失职有关，迫害王抒，然后利用抄家的机会要夺取那只"一捧雪"宝杯。就在这紧急关头，王抒家里有一个为人老实正直的仆人，名叫莫成，他挺身而出，化装成主人王抒替主人赴死，而让王抒带上祖传的"一捧雪"宝杯改名换姓逃避他乡。后人因感王抒由于"怀藏古物"而遭到如此横祸，便把王抒改名为"莫怀古"以表示警喻。

莫怀古究竟逃到哪里去了呢，他带走的那只无价之宝"一捧雪"古杯最终流落到谁手里？几百年来，一直无人知晓。到了20世纪70年代初期，河南乡下有一个农民向有关部门报告说，他家里珍藏有一只世代流传下来的"一捧雪"宝杯，一时引起了轰动，成了一大新闻。消息传到了北京，北京有关部门派出了专家前往鉴定，发现这只所谓的"一捧雪"宝杯是赝品。这样看来，这只被那位农民世代收藏的"一捧雪"宝杯很可能就是当年王抒送给严嵩的那只仿制品，而真的"一捧雪"宝杯却一直下落不明。

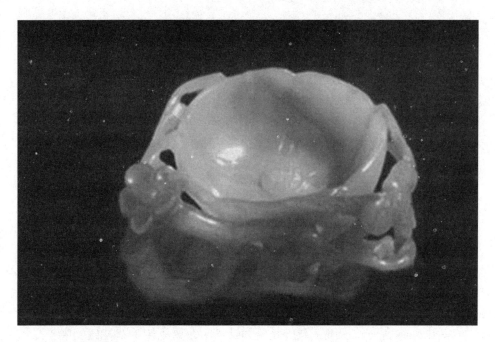

△ "一捧雪"宝杯

后来，有人在福建《平潭县志》第八卷《冢墓》这一篇里，发现了一个非常难得的记载："莫怀古墓，在东庠岛大山中。莫怀古因避严嵩之迫害，隐居在东庠岛上的大帝宫里。"东庠岛是平潭县东面的一个岛屿，上有高山，四面环海，地势险要，是古代避乱的好地方。这个岛在明代的时候，曾经是民族英雄戚继光率领军民抗击海上倭寇侵犯的一个前沿阵地。据当地老百姓说，当年莫怀古（即王抒）从家里连夜逃出来后，便参加了戚继光的部队南下来到东海前沿，如今东庠岛上还残留有当年戚家军安营扎寨的遗迹，而化名成莫怀古的王抒死后便被埋葬在这座海岛上。

可是，400多年过去了，虽然曾经有人前往东庠岛上寻找莫怀古墓。但只见满山遍野乱坟残碑，野草没径，无从辨认。莫怀古墓里是否藏有那只他随身携带的传家宝"一捧雪"古杯？这给后人留下了一个谜。如果那只宝杯曾随主人一起下葬，那么人们就盼望着今后有朝一日考古挖掘时，能发现莫怀古墓，那么"一捧雪"宝杯就将会有重见天日的机会。

汉委奴国王印是真的吗

1784年，在日本北九州地区博多湾志贺岛，一农夫在耕地时发现一枚刻有"汉委奴国王"5个字的金印。金印为纯金铸成，长宽各2.4厘米。这一发现震惊中、日两国，因为如果是真的，它将证明中、日远在汉代就有密切交流。而这对日本的意义更大，因为当时日本是相当落后荒蛮之地，社会还处于奴隶制早期，他们的历史还没有专门的史官记录，几乎不可考。这次发现可以说明他们在很早就有能力出海到达大汉国。

对中、日交往做明确记载的是《后汉书·东夷列传》："建武中元二年（公元57）倭奴国奉贡朝贺，使人自称大夫，光武赐以印绶。"但这是否就是东汉光武帝赐给倭奴国王的那一枚印，日本学术界始终存有争论。有人认为此印应为东汉光武帝所赐主印，即真印说。史书记载有此事应该不假，而且中国还发现了一枚"滇王印"可以作为此印的佐证。据《史记》载："西南夷君长以百数，独夜郎滇受王印。"西汉时，夜郎古国及滇国均为西南夷中的强国，汉武帝为打通通向西开的商路，派使臣去滇国。滇王臣服汉室，汉武帝赐其"滇王之印"。1956年，云南晋宁县石寨山西汉古墓群中的一座滇王墓中发现"滇王之印"金印，印体方形，长宽各2.3厘米，高2.2厘米，蛇纽，阴刻篆体字。除上刻"滇王之印"四字与日本出土的"汉委奴国王"不同外，其他无论从外观、尺寸、字体形状等以及质地均同

△ 汉委奴国王 金印

金印 横

金印 正面

△ 汉委奴国王印

于日本的那一枚。

有人认为是日本人自己所刻，即假印说。还有人认为是日本人仿刻，即伪印说。这些看法，起始之因就在金印上所刻的是"委"而不是"倭"字。据《三国志·魏志·倭人传》对倭奴国的记载："旧百余国，汉朝有朝见者，今使译所通30国。"这就是说，日本有100余个部落国，到三国时，已逐步合并为三十国，由邪马台国女王卑弥呼统治。据日本学者考证，这个"倭奴国"应读为"倭"的"奴国"，它就是《魏志·倭人传》所述女王治下约三十国之一的"奴国"，位于今九州福冈市附近。为何印章上却是"委"字？并且要说明当时日本使者是否来过中国还要有更多的证据，不能仅凭史书上的一句话和一枚难辨真伪的印章就下定论，但这方面的材料却又只有这些。

这枚印章到底是不是真的呢，这一点还有待于更明确的中、日交流方面的记录。

广汉三星堆宝藏之谜

1929年春天，家住四川广汉月亮湾的农民燕道诚一家，为春耕引水的需要，清理宅基旁的一条叫做"倒流堰"的水沟。儿子燕保清挥起锄头，却不料"砰"地一声，锄头飞得老远，低头看去，竟是碰到了一块很大的打磨精细的白色石环。

奇怪！燕保清双手抓住环圈，用力一掀，石环下竟闪射出斑斓的棱光，叫祖孙三人头晕目眩，不知所措。

有宝！镇定下来之后，大家都不动声色，匆匆掩盖好挖沟痕迹，打道回府。晚上，借着皎洁的月光，他们再次揭开石环。啊，呈现在他们眼前的竟是满满一坑晶莹璀璨的玉器：玉珠、玉璧、玉璋、玉琮……总计400多件，琳琅满目，流光溢彩，美不胜收。

半年之后，他们开始处理这批天赐财货：一部分送给至亲好友；一部分放进市场试销。不久之后，"广汉古玉"声名鹊起，文物商人及收藏者云集广汉，月亮湾也迎来了众多的惊诧而青睐的目光。

1934年，前华西大学美籍教授葛维汉、博物馆馆长林名均在60名荷枪实弹的士兵的警护下，对月亮湾进行了为期仅10天的首次发掘，开挖了几条1.5×12米的探沟，出土玉、石、陶器600多件，从而拉开了三星堆考古发掘的序幕。

新中国成立后，四川省的考古工作者对三星堆遗址进行了多次发掘，发现了建筑于4000年前的房屋基址，有穿斗结构的厅堂，有面积达60平方米的单间，也有五六间连成一片的居住群，景况十分壮观。

他们还发现了作为古代都邑重要特征的城墙遗址。东墙残存1000多米，西墙残存600多米，南墙残存180多米，均系分层夯土筑成。城墙残高2~7米，厚度自下而上达5~20米，真个是巍峨浩大，气势雄伟。北面则以宽阔的鸭子河为天然屏障，组成了一座总面积达6平方公里的中心都邑。

最重要的发现开始于1986年7月18日。这一天，当地砖瓦厂的民工制坯取土，挖锄落处，把一支长约40厘米墨绿色的玉璋拦腰击碎。考古工作者闻讯赶来，日夜奋战，8小时一班，连轴式地工作，直到7月30日凌晨，一个埋藏着大量珍贵文物的器物坑呈现在人们面前。

最先进入人们眼帘的是一支璀璨夺目的黄金手杖。金杖长1.42米，直径2.3厘米，用捶打好的金箔包卷在一根木杆上，木杆

△ 铜人像

早已炭化，只剩下净重约500克的完整的金箔。金杖的一端，对称地刻着两个头戴五齿高冠、面带微笑的人头像。其余部分则是一箭贯串鸟身和鱼颈的连缀图案。构图庄重典雅，寓意则神妙莫测。

这就是1号坑出土的文物。1号坑出土的金器除黄金手杖外，还有黄金面罩、金叶片、虎形饰；铜器有人头像、人面像、跪坐人像、爬龙柱形器、尊、盘；玉器有璋、琮、瑗、戈、凿、斧等等。此外，还有琥珀、陶器和石器，共约420件。另有骨器残片10件，象牙13根，海贝62枚，展现着一个诡秘而又新奇的世界。

仿佛是上天特意的赐予，1号坑刚刚清理完毕，人们在距离1号坑东南仅30米的地方，又发现了2号坑。2号坑的最上层是众多的纵横交错的象牙，一尊巨大的青铜大立人像虽已从腰部残断，但拼接起来高达2.62米，让所有在场的人震惊不已。

2号坑总计出土器物1300多件，其中青铜器735件，金器61件，玉器486件，绿松石3件，象牙67根，海贝4600多枚……大多制作精美，造型诡异，多

姿多彩，气势磅礴。一个繁荣、富足、怪异的古蜀王国展现在我们面前，叫人们振奋之余，又迷惑不已！

最引人注目的是那尊青铜大立人像。大立人头戴花冠，胸系法带，身着燕尾式长衫，腿饰镯环，赤足，神情肃穆地屹立在高高的法台之上。他身体颀长，阔眼大嘴，睥睨傲世，气宇轩昂，两只夸大得令人惊讶的手空拳而握，叫观赏的人们惊诧莫名。

他是谁，一国之尊，群巫之长，还是集巫、史、神、魔于一体的一代君主？

他巨大的手掌里握着的是什么，祭祀天地的玉琮，沟通神鬼的法器，抑或是已被擒拿、仍在挣扎的不屈的鬼怪妖魔？

他以通高2.62米，总重150公斤，高踞青铜人像铸造的顶峰，使同时期的世界所有文明国度的青铜人像相形见绌。

最能引起人们遐思的是那株青铜通天神树。

神树通高3.84米，两只圆盘似的托柄把它自然而然地分为三层。每层衍出三枝，共九枝。每枝高点上都有一只大眼弯喙的神鸟，共九鸟。而枝端，则因为悬挂着肥美的叶片和成熟的硕果而沉甸甸地低垂。

树干下是一个穹隆形的基座，这似乎象征着它植根于古蜀大地上的一座神山。一条巨大的龙沿树干凌空而下，龙首则贴伏在穹隆形的神山之上。

它是世界上制作最早、树株最高的青铜神树。

《山海经·大荒东经》云："汤谷上有扶木，一日方至，一日方出，皆载于乌。"《海外东经》亦云："汤谷上有扶桑，十日所浴。在黑齿北，居水中。有大木，九日居下枝，一日居上枝。"——它是《山海经》中描绘的扶桑木吗，那傲立枝头的是不是载日的金乌？

《淮南子·堕形训》云："建木在都广，众帝所自上下。日中无景（影），呼而无响，盖天地之中也。"——都广即成都平原。它是《淮南子》所描述的都广的建木，是天神上下的天梯吗？

这是一棵怎样的生命之树、神灵之树啊！它高大，壮实，繁茂，诡异……抬头仰望，巍然骇然，惊心动魄。

三星堆的青铜人面像极尽变形、夸张之能事，大多是面方嘴阔，眉长目竖，隆鼻大耳，亦人亦兽，狰狞而又神奇。其中以三具青铜纵目人面像最为奇特。

最大的青铜纵目人面像高65厘米，宽138厘米，方面，隆鼻，两只角尺状的兽形大耳极度向外张扬，像

△ 三星堆面具

展翅飞翔的鸟翼，微突的大嘴极度向后龇咧，直至颊后耳根。眼珠则突破眼眶，蟹目似的呈柱状向前突出。眼球直径约12厘米，外突于眼眶部分竟达16厘米。整体形象威严诡异，气势逼人。尤其是那双望远镜头般的巨大眼柱，似乎要看透整个世界的奥秘，乃至你的心灵。

在这样一个人神合一、人兽一体的青铜世界里，你也许分不出哪是幻象，哪是现实？

"三星堆"的发现，众多的青铜文物出土，将夏朝以前700年的辉煌历史，活生生地呈现在世人面前。因此，有的专家指出，"三星堆"的发现，具有真正的颠覆性，它使我们不得不重新认识中国的社会发展史、冶金史、畜牧农耕史、艺术史、文化史、军事史和宗教史。许多约定俗成的观念都不得不由此而改变。比如说，中国的青铜时代，过去一向认为商朝是其鼎盛期，"三星堆"千多件青铜文物，其数量和质量——特别是高超的冶炼、铸造工艺，都足以说明，早在夏朝之前700年，我国就已进入到了高度发达的青铜时代!

在林林总总、与中原文化迥异的三星堆出土文物中，最引人注目的是那些青铜人物雕像。他们大多鼻子高挺，眼睛奇大，宽嘴阔耳，颧面突出，既不像蜀地土著，也不是中原人种。那么，他们是谁？他们来自哪里？为什么会突兀地出现在古蜀大地的祭坛之上？

其次，三星堆文物中黄金面罩和金质王杖，在中国也是首次发现。"王杖"又称"权杖"，用"杖"代表权力的传统首先是出现在西亚，后来为西方王室所袭用；黄金面罩则最早出现于古埃及和古希腊。它们都不是中国历史文化传统中的习用器物，为什么也会混杂在体现王权、神权的蜀土器物之中？

还有，三星堆遗址出土象牙60多根，相距不远的金沙遗址，一次出土象牙多达4000多根，人们怀疑，这些象牙并非都是地道的"土著"。三星堆还出土了4600多枚海贝，其中的环纹贝和虎斑纹贝，据专家考证，只产于南亚印缅一带的印度洋暖水海域。它们是中外交易的货币？还是外来朝圣者的祭物？但是，它们又是怎样到达这块"不与秦塞通人烟"的古蜀大地的？

于是有人认为，三星堆文明是一种外来文明，它的根在中东，这个文明的创造者主体是红海沿岸的古代闪族人，以及沿途的伊朗人、印度人。他们的来华路线不是北方丝绸之路，而是一条更为古老的南方丝绸之路。

"南丝绸之路"古称"西南夷道"或"蜀身毒道"，与北丝绸之路同为古代中国的对外通商要道。北丝路走的是西北沙漠路段，通向中亚、西亚乃至南欧一带，交通工具主要是称为"沙漠之舟"的骆驼。南丝路走的是西南横断山脉河谷，直达南亚和东南亚，并通过印度洋与波斯、埃及等文明古国连接，主要交通工具是称为"山地之舟"的马帮。

《史记·西南夷列传》载："元狩元年（公元前122），博望侯张骞使大夏（今阿富汗北部一带）来，言居大夏时，见蜀布、邛竹杖。使问所从来，曰从东南身毒国（印度），可数千里，得蜀贾人市。"由此可见，早在北丝绸之路打通之前，蜀郡和身毒（印度）、大夏之间，已有一条商业通途。三星堆齿贝的出现，更是把这种交往上推到1000年之前。

但也有人认为，三星堆文明有它自己本身的传承，在三星堆以前，四川成都平原有像三星堆一样的文化遗址九座，三星堆只不过是其中之一。宝墩文化、三星堆文化、十二桥文化一脉相承，来源和去向都很清晰，看不出有特别明显的外来痕迹。

其次，用玉和用金是中西古代文化的最大差异。三星堆出土的黄金器皿，如金箔、金杖，只是发现物中的极少部分，而大量的玉石器，如玉璋、玉钺、玉戈、玉牙璧、多孔玉刀、单节玉琮及石矛、陶盉等，均具有中原地区、长江中下游地区和甘青地区的文化特征，表明三星堆遗址仍处于中国的玉石文化圈。从大型的青铜器和祭祀器皿来看，它主要的文化渊源还是中原的夏、商。

再次，三星堆出土的青铜面具，虽说不像蒙古人种，但也不像欧罗巴人种。这些面具鼻子那么宽，眼睛那么大，脖子那么长，完全不像现在世界上的任何人种。为什么？因为它本身就不是使用的写实手法，只是艺术上的一种变形和夸张而已。

至于海贝，确系来源于南亚沿海，但它们到底是从西南直接入蜀，还是通过其他地区辗转入蜀，现在还没有确切的证据。

此外，还有人认为，三星堆文明的产生不是孤立的。它既有自己悠久而独立的文化传承，又受着中华文明内部不同时代、不同地域之间的文化影响，同时，也不排除来自南亚、来自中东的文化交流和文化渗入。它很可能是一种"杂交文明"，在它的身上，留下了不同的异质文化之间的接触、交流、碰撞、激荡的历史信息。

但它又绝不是任何一种文明的重复和翻版，它是独特的，卓尔不群的，它是一株接受过各种优秀文明滋养，而又植根于古蜀大地的盛开的奇葩。

唐代伟大诗人李白在脍炙人口的《蜀道难》里，用跌宕峭拔的语言，充分地渲染了古蜀大地的蛮荒、闭塞和历史的迷茫。

然而事实并不完全如此。

据有关文献记载，古蜀大地林木茂密，多野蚕，有位聪明的部落首领，教人们把野蚕驯养成家蚕，取丝制衣，人们尊称他为"蚕丛氏"。

五代前蜀冯鉴在《续事始》中引《仙传拾遗记》说："蚕丛氏自立王蜀，教人蚕桑，作金蚕数千头，每岁之首出金头蚕，以给民一蚕，民所养之蚕必繁孳。罢即归蚕于王。（王）巡境内，所至之处，民则成市。"所谓"金头蚕"，大略就是蚕种。有了蚕桑布帛，人们才得以走出石室，走出以树叶、兽皮蔽体的蛮荒时代，聚居成集市村落。蚕丛部落大略是以"蜀"

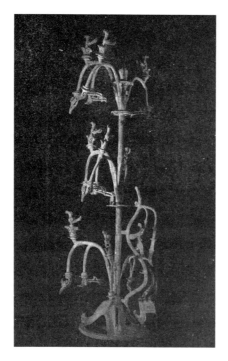

△ 三星堆青铜神树

为图腾。《说文解字》说："蜀，葵中虫也。"甲骨文的"蜀"字，圆头大眼（眼斑），其身蜗卷而屈，活脱脱一副野蚕模样。后世称蚕丛氏是蜀国的第一代君主，死后被尊为蚕神。《方舆胜览》载："蜀王蚕丛氏祠，今呼为青衣神，在圣寿寺。"徐光启在《农政全书》中也把蚕丛称为"青衣神"、"蚕神"。许多史料证明，古蜀大地并不像李白所说的那么闭塞，先蜀的历史也不那么茫然。《史记·五帝本纪》载："黄帝居轩辕之丘，而娶于西陵之女，是为嫘祖。"嫘祖历来被称为蚕丝之祖，但清·马啸《绎史》卷五引《黄帝内传》云："黄帝斩蚩尤，蚕神献丝，乃称织维之功。"此一"蚕神"，既不是历来误认的蚩尤一族，也不是嫘祖，而是同黄帝一族素有往来，并且有"蚕神"之称的蚕丛氏或其后代。《史记·五帝本纪》又说，黄帝"生二子，……其二曰昌意，降居若水。昌意娶蜀山氏女昌仆，生高阳。……黄帝崩……其孙昌意之子高阳立，是为帝颛顼也。"若水在哪里？在蜀。出生于四川的郭沫若先生即以沫、若二水为名。沫水即大渡河；若水，即蚕丛氏立国之地青衣江。《史记》中清楚地记载了远古时代黄帝部族与先蜀部族两世联姻的史实，西陵氏、蜀山氏、蚕丛氏称谓虽异，居地则一，即或不是同一部落，但都是岷山一带的蜀族远祖则是没有疑义的。嫘祖从娘家带来了蚕种，才得以把养蚕取丝的技术传播于中原。因此有人认为，中华民族的蚕丝发明专利人不是嫘祖，而是蚕丛。嫘祖只是蚕丛的后代，蚕丛称王的年代也应该比黄帝略早。

有趣的是，黄帝的儿子昌意"降居若水"，在青衣江土生土长的四川娃儿颛顼，继黄帝之后又"入主中原"为帝，可见，当日的先蜀远不像人们想象的那么闭塞和蛮荒了。

《华阳国志·蜀志》记载："有蜀侯蚕丛，其目纵，始称王。"

何谓"目纵"？在没有实物资料参阅之前，人们对"目纵"之说迷惑不解。是像民间传说里的二郎神那样有一只竖着的眼睛呢？还是像《封神演义》里的杨戬那样，眼睛里长出手，手掌心又长眼睛，上能观天，下能透地？三星堆青铜直目人面像出土之后，许多考古工作者才算明白，所谓"纵目"，就是眼球向前极度突出，"蚕丛纵目"的千古之谜也就豁然而解了。

遍查史籍，"纵目"这一特征，从未赋予其他的神话人物，仅为蚕丛所独有，因此，三星堆出土的青铜纵目神像之为蚕丛，也就不言而喻了。

蚕丛是先蜀各族人民敬奉的祖先神。人们认为，2号坑出土的那具眼睛凸出不多的青铜头像，可能是蚕丛的真实形象，同坑出土的另三具眼球凸出甚远的青铜纵目人面像，则是对神化了的蚕丛的一种艺术夸张。

为什么蚕丛氏眼球会异常凸出呢？有人说，这是"千里眼"，眼睛伸得老长，表示蚕丛有明察千里的特异功能；还有人说，这是外星人，与地球人完全不同的特殊人种，蚕丛和他的子孙也许是神秘的天外来客……其实，这些猜测都没有科学根据。

原来蚕丛族最先住在川西北及岷江上游山区，吃的盐是用当地缺碘的石头和土壤熬煮出来的。老是吃这种盐过日子，就会患甲亢病。眼睛鼓鼓的，脖子粗粗的，身子瘦得像一根棍子，正好是甲亢的三大特征！2号坑出土的"青铜大立人像"则正好体现了这样的特征。直到今天，岷江上游还是甲亢病高发区！他们的子孙走出岷山，到三星堆一带生活，眼睛就不再鼓得那么可怕了。

蚕丛氏在岷江流域一带留下了许多遗迹。

四川省阿坝州茂县西北之叠溪镇，附近有蚕陵山，汉代曾在此建置蚕陵县，唐朝又在此建置丛州。吴卓信《汉书·地理志补注》引《成都记》说，该地就是"古蚕丛氏之国"。

沿江而下的都江堰市，还有蚕崖关、蚕崖石。

再沿江而下，有青神县、青衣江。《青神县志》云：蚕丛"青衣而教民

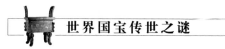

农事，人皆神之"，所以人们又把蚕神称作"青衣神"。

《华阳国志·蜀志》又说：蚕丛"死，作石棺石椁，国人从之，故俗以石棺石椁为纵目人冢也"。

2002年和2003年，国家对茂县营盘山遗址进行了详细勘探，遗址内发现最多的是石棺椁和形态各异的石棺葬。营盘山遗址的年代，大约距今4500~6000年，正好与传说中的蚕丛氏时代吻合。

总之，在整个三星堆出土文物中，纵目人蚕丛既是家族系统中的年代最远古的祖先神，也是宗教系统中最具权威的大神和主神，他是古蜀大地上的众神之王，是中国版的宙斯，具有无可替代的崇高地位。

那么，三星堆文化的主人是谁呢？

继蚕丛之后称王蜀地的是柏灌氏。

柏灌古通"白鹳"，尖嘴长喙，脚有蹼，是一种以鱼、蛙、昆虫为食的大型鸟类。《山海经·南山经》说："青丘之山，有鸟焉，其状如鸠，其音若呵，名曰灌灌……"指的可能就是这种鹳鸟。以"柏灌"为名，则表明他们可能是一个以柏灌鸟为图腾的部落。柏灌王留下的史迹不多。在成都附近的温江寿安乡长春村，历代相传有柏灌王墓。附近还有座"八卦山"，据说这"八卦"二字也就是"柏灌"的谐音。都江堰市原名灌县，也可能是柏灌王的遗迹。

有人认为，"柏灌"或许是"白鹤"之讹传。三星堆出土的青铜器、玉石器和陶器中，都有鹤的形象，可能是柏灌氏时代的文化遗存。同时，三星堆文化第二期，开始出现了陶质鸟头柄勺，鸟的造型为：长喙，无冠，嘴部不带钩，喉颈部有一至三个镂孔，制作粗糙，也可能是古蜀王柏灌氏时代的文化遗存。

据此，有人进一步认为：三星堆遗址的早期，也可能是蜀王柏灌氏的都城。

古蜀大地上的第三代蜀王是鱼凫氏。鱼凫即鱼鹰，俗称鸬鹚，是一种家养用于捕鱼的水鸟。用"鱼凫"命名，表明这是一个擅长捕鱼的部族，并且已经掌握了驯养鱼鹰的技巧。

鱼鹰最显著的特征就是锐利的鸟爪和钩喙。三星堆文化中有许多鸟头，雕塑成戴冠或不戴冠，利嘴，有回钩，状似鱼鹰，一般认为，这就是古蜀王鱼凫氏的象征和文化遗存了。

三星堆出土文物中有一尊精美的人面鸟身像。人面高鼻鼓目、阔嘴大耳，和三星堆出土的一般的青铜人面像没有什么区别；不同的是，它的头上戴着高高的王冠，身上长着两对阔大的羽翼，赤裸的双脚脚趾下垂，却近乎鸟爪。人们认为，它是一只被人格化的鸟——鱼凫，或者是一尊被神化、鱼凫化了的伟大人物。这个伟大人物不会是别人，只可能是鱼凫氏，鱼凫王朝的开国君主。

三星堆1号坑出土的"金王杖"，上面精工雕刻鱼、鸟、箭羽和人头图案，人们认为，图案的设计绝不是偶然的巧合，它很可能就是鱼凫王的王杖。如果真是这样，那么，三星堆就有可能是鱼凫王朝的都城。

有一件被称为"鸟爪少女"的半截人体像也很有趣味。人腿，鸟爪，膝盖以上是超短裙，高高站立在也许是两只鱼凫的额顶之上……它是谁，国王、王后，还是一尊古蜀女神，它那么高高在上，是不是在接受万民的景仰和崇拜？

除三星堆之外，鱼凫王朝还留下了许多遗迹。

唐·卢求著《成都记》载："古鱼凫国治导江县。"这与罗泌《路史前纪》所记相同。所谓导江县，即今都江堰市东10公里聚源乡的导江铺。

孙松寿所作《观古鱼凫城》诗说："野寺依修竹，鱼凫迹半存。"自注曰："在温江县北十里，有小院存。"清·嘉庆《温江县志》也说："在县北十里，俗称土城埂。"今温江北5公里的万春镇鱼凫村，当地人称为鱼凫城，即古鱼凫城遗址。

鱼凫王朝可能遭遇到一次亡国之痛。随着鱼凫氏族人的四处流散，它的遗址也向遥远的四方扩展。

在川南的叙永县，曾建立过鱼凫国。明代学者杨升庵因受贬多次出入川南，他在《鱼凫关》诗中写道："鱼凫今日是阳关，九度长征九度还。"他在《永宁杂言》诗中注道："《蜀本纪》：'鱼凫氏治江阳（今泸州），即今之永宁（今叙永县）鱼凫关也。"

在川东的重庆市奉节县白帝城，曾建立过鱼凫国。古蜀时代称其为"鱼国"，春秋时代称之为"鱼人"，秦置鱼凫县。

武王伐纣后，曾大封有功之臣，其中有一位受封为"鱼伯"的领袖，在渭水之南、清姜河西岸的地方，建立过一个国家——"鱼国"。有学者推测，他们可能是参战有功、有国不能归的鱼凫族的国王和战士。

最重要的鱼凫遗址可能是成都市西郊的金沙遗址。

金沙遗址出土的青铜立人像，高约20厘米，立于基座上，双手握于胸前，其造型风格与三星堆出土的青铜大立人像十分相近。尤其是手势，与三星堆青铜大立人像如出一辙。金沙遗址出土的神秘的黄金面罩，则令人想起三星堆出土的金面铜人头像。金沙遗址的金王冠带上面细腻的鸟鱼图案纹，与三星堆出土金杖上的鸟鱼图纹，几乎是出于同一工匠之手。据此，有的学者认为，金沙遗址是继三星堆遗址衰落之后而兴起的鱼凫王朝遗址，其金王冠带的拥有者，必定是鱼凫王的后裔无疑了。

扬雄《蜀王本纪》载："蜀王之先名蚕丛，后代名曰柏灌，后者名鱼凫。此三代各数百岁。"其实，蚕丛、柏灌、鱼凫，是古蜀大地上的三个显赫的王朝，每个王朝都延续了好几百年，这同中原王朝的情况也大体相同。这样来理解，古蜀大地的历史也就清晰多了。

令人惊讶的是，三星堆出土的所有器物，都留下了火烧和故意砸毁的痕迹。完整的象牙被火烧焦发黑；铜容器全部被烧残，有的已烧结成团；青铜大立人像被拦腰砸断，头像和面具则被砸扁、砸破，有的散成碎片；神圣的青铜神树也被砸烂，树上的小型挂饰、树叶、太阳鸟滚落一地，鸟身上细腻的羽饰则被扫荡得无影无踪……

人们不禁要问：三星堆到底发生了什么？如果不是发生过什么重大或激烈的事故，如此众多而贵重的国家礼器，怎么会集体遭受到如此方式的损毁和掩埋呢？

猜测之一是，那是两个祭祀坑。

首先，坑中的器物，如青铜雕像、青铜神树、玉琮、玉璋等，都是无可争辩的祭祀礼器；其次，两个坑的年代虽是相距甚远，但都具有相同的制式，且位置相近，坑壁整齐，器物堆叠有序，明显地属于一种经过充分准备而举行的相同性质的活动：两个坑的方位都对着岷山，因为那是古蜀人的发源地，是三星堆人的"祖邦"；最后，焚烧、砸毁和掩埋，都是我国古代祭祀活动的典型特征。

我国古代巫师认为，"燔燎"可以让燃烧之气上达于天，常用来祭祀天地、日月、星辰及天上诸神，民间的烧香、烧纸钱等等就是这种古代祭祀的残存。"瘗埋"则可以让掩埋之物下达于地，常用来祭祀山林、川泽、祖先及地下诸神。至于砸毁器物，不但不是亵渎，相反的，则是表示对祭献对象敬畏和无私奉献的一种方式。因此有人认为，三星堆先后发掘出来的两个文物坑，是不同时代的蜀主采用相同方式祭祀天地山川和祖宗神祇后留下的祭祀坑。

猜测之二是，那是两个封禅坑。

封禅是我国中原地区古代王朝的一项极其重要的仪典，多用于朝代更迭或帝王就位之时。在泰山上筑土为坛祭天，报天之功，曰封；在泰山下梁父山辟场祭地，报地之功，曰禅。西蜀与中原息息相通，肯定有相同或类似的仪典。三星堆遗址出土的大多是神器重宝，在生产力低下、生产资料相对贫乏的上古时代，绝不是一般的祭祀活动所能使用的。因此，有人认为，它应该是古蜀王国改朝换代或新王登基时，举行类似于封禅的"开朝大典"等重大祭祀活动的产物。

猜测之三是，火葬墓穴坑。

1号坑里有大量的被烧残的动物骨渣，里面含有被疑似为人骨的骨片。三星堆古城西城墙外仁胜村一带发掘的29座墓葬，其墓穴形态、墓的方向，与三星堆器物坑完全一致。因此有人认为，三星堆的两个器物坑其实也是墓葬坑，坑里的贵重器物则是某代去世蜀王的陪葬品。国王的遗骸可能是经火葬后变成了残渣，也可能是葬在附近的某个地方，直到目前为止还没有被发现。

猜测之四是，失灵"灵物"掩埋坑。

这些器物原本是某一部落（或城邦）供奉的"灵物"，但它却没有起到福佑一方的作用，使该部落遭受了天灾人祸。按照古代萨满式文化的作法，巫师就应该选供新的灵物，同时举行盛大仪式，把这些失灵的"灵物"摧毁，然后焚烧和掩埋，以此刺激新的灵物，祈福禳灾。三星堆文物坑的性质大体也是如此。

猜测之五是，祭祖分支坑。

古代夷人有祭祖分支的习俗。当一个以家族为主要纽带的部落发展到相当庞大的时候，就要举行一定的仪式，祭祖分支。祭祀活动包括祭天、祭地、祭祖三大项。所有的人都要来参拜祖灵，规模盛大，热闹非凡。祭祖之后，各个分支就分道扬镳。分手之前，家族共有的旧的灵器博物，都要全部砸毁掩埋，这象征着一个旧时代的结束和另一个新时代的开始。三星堆文物坑，大略是一次或两次祭祖分支活动的祭坑。

最后一种猜测是，犁庭扫穴——亡国宝器掩埋坑。

有人认为，从坑内宝器的贵重程度和损坏程度来看，肯定是一次王权更替的结果。或者是外来势力摧毁了本土势力，或者是本土内部的新兴势力摧毁了当权势力。总之，胜利者毫不手软地犁庭扫穴，屠戮其血种，夺占其财物，而对旧王权和旧信仰的象征物，如祖先神像、礼器、王杖，等等，则毫不犹豫的予以彻底捣毁，焚烧，然后掩埋。正像《国语·周语》中所说的那样："……是以人夷其宗庙，而火焚其彝器。"

三星堆两坑的时间前后相距几百年，应该是两次改朝换代的结果，它向我们展示了历史帷幕之后的古蜀民族战乱征伐、激荡交融的壮阔现实。2号坑的器物同1号坑相比，品类更为丰富，制作更为精细，构造也更为雄伟。这说明在第一次改朝换代之后，三星堆文化得到了长足的发展。而在第二次改朝换代之后，三星堆古城大约就此废弃，三星堆文化也就因此而消亡。

因此有人提出：不要把三星堆的1号坑、2号坑简单地称为"祭祀坑"；在没有确定其用途、性质之前，一般称其为"文物坑"或"器物坑"为好。

马踏飞燕为何被塑造得如此奇妙

1969年10月，在甘肃武威雷台发现的一座已遭遇两次盗掘的东汉晚期墓葬中，出土了铜人、铜车、铜牛、陶器等220余件文物，其中有39匹神态各异、活灵活现的铜马。1970年8月，这批文物被运送到甘肃省博物馆进行修复、处理和保护。

其中的一匹铜奔马，重7.15公斤，高34.5厘米，长45厘米，宽10.1厘米，马头顶花缨微扬，昂首扬尾，尾打飘结，三足腾空，右后足蹄踏一飞燕，飞燕展翅，惊愕回首，显示了奔马如飞、神速超群的意境。马全身着力点集中在一足之上，既衬托了奔马超越飞燕的快速，又巧妙地以飞燕展开双翅的躯体冲着地平面，稳定重心。整个造型富有生气，静中有动，充满威武奋发、一跃千里之气势。

这匹铜奔马充分显示了我国古代劳动人民的高度智慧和高超的工艺技术水平，堪称古代艺术登峰造极之作！人们誉其为"具有现实主义和浪漫主义相结合艺术特征的杰作"；具有"深邃的思想内涵和卓越的艺术造诣"；"既有强烈的真实感和生活气息，又有很高的理想和典型性"。

那么，它的价值是如何被发现的呢？

事情还得从1971年9月中旬说起，时任全国人大常委会副委员长的郭沫若陪同柬埔寨王国民族团结政府宾努首相率领的代表团访问甘肃。在兰州，郭沫若参观了甘肃省博物馆的历史文物陈列。当看到武威雷台出土的一组铜车马仪仗队伍，尤其是其中一件三足腾空、一足掠鸟、奔驰向前的奔马时，郭沫若赞叹不已。他对这件铜马看得很仔细，时间很长，对其艺术造型和构思的独特巧妙、力学平衡原理利用上的高超水平大为赞叹，认为这是我们民族的骄傲。郭沫若回京后，向时任国家文物局局长王冶秋详细介绍了雷台墓这

△ 马踏飞燕

组铜车马仪仗队和铜奔马，并推荐这组文物及铜奔马充实到正在北京故宫博物院举办的"出土文物展览"中去。时隔不久，郭沫若又向周恩来总理介绍了铜奔马和雷台汉墓的事。后来，铜奔马和车马组以及其他文物的展出轰动了国内外，来北京的许多外国贵宾都参观了展览。1972年美国总统尼克松访华时也目睹了铜奔马的风采。1973年，铜奔马参加了古代历史文物出国展，远涉重洋到英国和法国展出。此后，凡有铜奔马参加的文物外展，都以它作为海报和宣传画的主图案。从此铜奔马声名日炽，成为轰动世界的文物精品。

再说铜奔马和雷台汉墓的材料公布后，在学术界引起争鸣。铜奔马的命名成为最热烈的话题。概括起来有以下诸种说法："天马——良马"说，"天马——神马"说，"名马式——铜马法"说，"奔马——猎骑"说，

"马神——天驷"说，"铜奔马原型即大宛马"说等。总之，学者们或从其所属汉代良马的类型上去分析；或从当时的时代背景和有关马的传说中去研究。如持"良马"说的，多数认为铜奔马仿效的是汉代河西的侧步走马；持"神马"说者，则是从我国古代对神马的崇拜及文化源流等方面对铜奔马进行考证；马蹄所踩的飞鸟，也有不同的认识，有"飞燕"说、"乌鸦"说、"龙雀"说、"飞隼"说、"飞鹰"说、"鹰鹞"说等。各家对鸟的分析和认识可以概括为以下三个出发点：一是该鸟飞行神速，动作敏捷，是罕见的不俗之鸟；二是该鸟造型奇特，原形来自于西北地区的某种速度极快的鸟；三是该鸟难以确定是哪一种具体的鸟，而是象征意义上的神物。

铜奔马造型的绝妙之处在于马的三足腾空和一蹄踏蹭飞鸟。马与鸟的对应关系是研究其造型艺术的关键，也是解决铜奔马命名问题的关键。学者们对此也有不同的认识。有"铜舞马"说，"马踏飞燕"说，"马超龙雀"说，"马袭乌鸦"说，"鹰（鹞）掠马"说，"马踏飞隼"说，"凌云奔马"说，"蹄蹭飞鹰奔马"说等，至今无定论。

雷台汉墓出土的阵势浩大的车马仪仗队共有99件各类器物，其中铜俑45件，铜马39件，铜牛1件，铜车14辆。墓主是一位张姓将军，冀县（属今天水）人，任过张掖长，后升任武威郡左骑官，兼张掖长。对墓主具体是哪个人，学界也有张奂、张绣、张骏等不同看法。由于铜奔马与其他车马文物在墓中的具体位置不清楚，因此铜奔马是车马仪仗队中的一匹，还是工匠们一时兴起铸造的一件呢？也有不同的看法。

我们可以看出，铜奔马的个头、头部和身体的比例结构、眉眼的布局与其他的铜马并无二致。但其构思之精妙，造型之奇特，又的确与其他的马有明显的不同之处，制作更加精细、传神，比例适当。马体躯壮实，颈如鹤颈卓立，给人以稳定感；张嘴嘶鸣，尾巴上扬，四条腿作飞奔状，以无限的动感和爆发力来感染人。整个空间的布局，在支撑点、重心、平衡、抗阻力等方面的技术处理上也独具匠心。铸造者用一展开的双翅、有长宽尾巴的飞鸟作为马腿着力的支撑点，使马的重心和支撑点垂直于飞鸟承托面的轴线上，因而重心与支撑力的两力方向相反，力大小相等，相互抵消，达到了平衡的效果。

铜奔马是在汉代社会尚马习俗的影响下产生的具有重要价值的青铜工艺品。马是汉代社会的重要交通工具、军事装备和农业生产畜力。汉朝政府给马立"口籍"，武帝作《天马歌》，马在各种场合被神化和奉颂。汉代社会盛行车马冥器随葬，视马为财富的象征。汉代的"车马出行仪仗队"和"出行图"在墓葬壁画和画像石、画像砖上是常见题材。铜奔马别具一格，与其他车马相互衬托，体现了墓葬随葬明器的普遍性和特殊性的统一。汉代开拓疆域，通西域，设河西四郡，马发挥了独特的作用。根据河西汉简的记载：马被广泛地用于交通驿站、长城防御、军事行动、民族和亲等方面。史料记载，汉武帝曾三次派人到西域求乌孙马，马在汉代可谓战功赫赫，功绩卓著。

在汉通西域的过程中，中原王朝与亚欧大陆其他国家的交往更加频繁，丝绸之路进一步繁荣。铜奔马就是在统一多民族国家发展壮大的过程中，在中西交往的时代背景下出现的一件代表中华民族艺术成就的杰作。

大熊猫是怎样被发现的

作为我国特有的国宝级动物——大熊猫在地球上生存距今已有800多万年的历史，它在地球上生存的时间远比人类早，据最新研究成果表明，大熊猫最迟出现于晚中新世，它们的直系祖先是始熊猫，生活在炎热潮湿的森林里，在距今60万年前的更新世中期，大熊猫的发展到了它们种群的鼎盛时

△ 大熊猫

期，它们广泛分布于中国的南部、中部、西部，向北直达今天的河北境内，组成了"大熊猫——剑齿象群落"，和它同时代的动物，由于地质与气候的强烈籁动基本上都灭绝了，如剑齿象、剑齿虎都变成了化石，而大熊猫能在恶劣的自然环境中生存下来，主要因为它们在环境的变化中改变着自己，所以才没有从生物圈的链条上消失，从而成为世界上为数不多的动物活化石。

那么，大熊猫怎样被发现的呢？

第一只大熊猫的发现，是与一个叫宝兴的地名和一个叫戴维的法国人紧密联系在一起的。

宝兴县处于四川盆地西北边缘向青藏高原的过渡地带，是四川西部一个位置偏僻、人烟稀少的山区小县。这里山川秀丽，林木葱郁，是大熊猫栖息和繁衍的胜地。境内的夹金山巍然耸立、白雪皑皑，是当年红军长征翻越的

第一座大雪山。尽管山顶气候恶劣、鸟迹绝踪，但在山脚下却树木茂密，流水淙淙，长年雾气缭绕，云影缥缈，就在这仙境一般的地方，法国传教士戴维与大熊猫不期而遇了。

其实大熊猫早就在这片土地上不知生活了多少年，由于这里人迹罕至，当地人不知道这种温顺可爱的黑白熊就是后来举世闻名的稀世珍宝——大熊猫，直至1869年戴维首次向世人介绍这种奇特的动物后，大熊猫才扬名海外，并在西方国家一度掀起了"熊猫热"。

皮埃尔·阿尔芒·戴维，1826年出生在法国比利牛斯山区。35岁时，戴维认识了法国科学院的汉学家儒莲先生，儒莲向他介绍了古老而神秘的东方国度——中国。此后，法国巴黎自然历史博物馆研究部主任米勒·爱德华兹交给他一项任务：去中国帮助巴黎自然历史博物馆采集动植物标本。

1865年，戴维作为一名天主教神职人员，被派往北京。

这年夏天，戴维前往北京南部考察，在皇家猎苑里，他意外发现一种从没见过的物种——麋鹿（即"四不像"），于是将其制成标本带回巴黎，经法国动物学家证实，麋鹿确为世界罕见，博物馆为此发表了戴维的论文。

1868年11月，戴维经汉口、沙市、宜昌，进入四川。在重庆法国传教士范若瑟家中，戴维得到一个令他喜出望外的消息：四川穆坪（今宝兴县）有个法国传教点且生物物种极其丰富。

1869年2月22日，戴维从成都出发，启程前往穆坪。在当地人的帮助下，戴维翻越了海拔3000多米的大翁顶，来到了宝兴县盐井乡，随后到了邓池沟教堂。

3月23日，戴维几经波折终于得到了一只有着黑白相间皮毛的动物尸体。戴维欣喜若狂，他确信，这是熊类的一个新种，而且只有中国才有。他将这种动物命名为"黑白熊"，并将动物标本和描述报告寄给远在巴黎的米勒·爱德华兹。这是熊猫实物第一次被介绍到西方，其轰动可想而知。

4月1日，当地的猎手们第一次为戴维捉到活体"黑白熊"，戴维在这里为他称为"最不可思议的动物"称体重、量身材、检查健康状况，同时仔细端详这只"黑白熊"毛茸茸、黑白相间的外貌。

新的发现令戴维极度兴奋，他将这消息告诉爱德华兹教授，并附上描述黑白熊的书面报告。戴维本想将这只活体"黑白熊"送到巴黎，没想到"黑白熊"经不起运送途中的颠簸和气候变化，不幸死于路途，戴维只好将它的标本送到法国巴黎自然历史博物馆。

描述报告当年就在博物馆《新闻公报》上发表，报告是这样叙述的："据我的猎人讲，'黑白熊'体形大，耳短，尾很短，毛较短，四足下有很多毛。颜色为白色，耳朵、眼圈、尾尖和四肢呈黑褐色，前肢黑白部分向肩胛延伸，在背脊上汇合呈带状……我刚获得一只幼体，并见过成体的皮，毛色均相同，颜色分布也一致。我从未见过这种动物。这可不可能是科学上的一个新种呢？"

为什么给大熊猫命名为"Panda"，有两种说法。一说戴维神甫的名字缩写为P.A.David，Panda恰好与其谐音。另一种说法称，在发现熊猫的宝兴地区，当地人也操尼泊尔语。在尼泊尔语中，熊猫被称为"Nigalya-p·nya"，意为"吃竹子的熊"，而Panda就是它的变音。

1872年，戴维在中国病倒，两年后他退休回国。从此，戴维再没有来过中国。

1900年11月10日，戴维在法国巴黎病逝，终年74岁。

2002年11月，时任四川省雅安市副市长的孙前带队赴法国访问戴维故乡，并在法国巴黎自然历史博物馆见到了陈列的宝兴大熊猫模式标本及相关资料。大熊猫模式标本，正是当年戴维从宝兴带回的那只大熊猫标本。

此后，在孙前和联合国教科文组织的专家柯高浩、柯文夫妇的努力下，赶在了戴维发现大熊猫140周年之际，从法国巴黎自然历史博物馆取得了当年戴维发现大熊猫的报告和米勒·爱德华兹教授的鉴定报告这两份文件的复印件（该报告共有30页，其中有7幅戴维画的图），并将其送到大熊猫首发地。从此，四川省宝兴县邓池沟便有了大熊猫的"出生证"，作为世界自然保护地核心区的夹金山，被赋予了更加厚重的文化符号。

良渚文化为何有众多玉器

良渚文化是我国长江下游太湖流域的一支重要的古文化，因1936年原西湖博物馆施昕更先生首先发现于余杭市良渚镇而命名，距今约5300~4000年。

经过半个多世纪的考古调查和发掘，初步查明在余杭市良渚、安溪、瓶窑3个镇地域内，分布着以莫角山遗址为核心的50余处良渚文化遗址，有村落、墓地、祭坛等各种遗存，内涵丰富、范围广阔、遗址密集。20世纪80年代以来，随着反山、瑶山、汇观山等高台土冢与祭坛遗址的相复合，以大量殉葬精美玉礼器为特征的显贵者专用墓地的被发现，以及莫角山大型建筑基址的被发现，良渚遗址已成为实证中华五千多年文明史的最具规模和水平的地区之一，并将成为东方文明的圣地。

良渚文化最著名、最有特色的就属它的玉文化了，这是中国玉文化的源头，并且一开始就显现出不凡的艺术魅力。良渚文化为何在五千年前就有如此出众的玉文化呢？先民们为何要雕琢那么多玉器，又是如何雕琢的呢？

有一种说法是，良渚玉器的大量产生是因为装饰、美化生活的需要。

中国玉文化源远流长，玉在人们心目中有着极其崇高的地位。玉，一般晶莹剔透，即使有少量瑕疵，也是"瑕不掩瑜"，其石料很稀有，因此也非常珍贵。玉石还不能称为"玉"，只有经过匠师的精心雕琢，才能成为具有各种内涵的玉器，正所谓"玉不琢，不成器"。玉有太多美好的品质，因此人们往往把具有高洁品质的人和玉相联系。东周和春秋战国时期，贵族、士大夫佩挂玉饰，以标榜自己是有"德"的仁人君子。"君子无故，玉不去身。"君子必配玉，玉只可配君子。汉许慎在《说文解字》中说：玉，石之美兼五德者。所谓五德，首先指玉的5个特性，即坚韧的质地、晶润的光泽、绚丽的色彩、致密而透明的组织、舒扬致远的声音。然后用这5个特性来形容人的五个美德：仁、义、礼、智、信。

装饰生活、美化自己是人的天性，远在9000多年前，生产水平极端低下的山顶洞人，在闲时也不忘磨制骨器、石头制作项链等装饰品。7000年前鱼米之乡河姆渡的先民也是如此，在选石制器的过程中，有意识地把拣到的美石制成装饰品，打扮自己，这就揭开了中国玉文化的序幕。在距今四五千年前的新石器时代中晚期，辽河流域、黄河上下、长江南北中国玉文化的曙光到处闪耀。而最为著名的便是良渚文化出土的玉器。良渚文化玉器种类较多，典型的有玉琮、玉璧、玉钺、三叉形玉器及成串玉项饰等。这些玉器都造型精致，刻有各式图案，有很强的装饰作用，特别是成串的玉项饰。所以说良渚文化出现如此多优美的玉器，是因为装饰生活的原因不无道理。

另一种说法是：良渚玉器大量产生，不仅仅是装饰，而是有更深的文化内涵。把玉作为装饰品反而是更后的事情了。此说的证据是从良渚玉器本身的情况来说的。

良渚玉器以体大著称，显得深沉严谨，不是很适合随身佩戴的装饰，并且当时生产力并不发达，是否会产生这样的需求还值得商酌。

良渚琢玉最明显的特色是形式多样、数量众多。良渚玉琮系软玉雕琢而成，从外观看呈外方内圆、上大下小形，每个面的转角上有半个兽面，与其相邻侧面转角上的半个兽面组成一个完整的兽面。这些物品充满神秘气息，现在看来其形状和图案也是令人惊异的，隐隐透出一股凉气。这些玉琮的用途应该与宗教祭祀、财富权力有关。战国《周礼》书中曾有"苍璧礼天"、"黄琮礼地"的说法。东汉郑玄注"璧圆像天，琮八方像地"，都说明玉琮与对鬼神的崇拜相关。

因此他们认为良渚玉器是用于祭祀的神器，其更深的文化内涵是对鬼神的敬畏，由此衍生出"玉"被作为权力的象征。这一点从后来"玉"的地位可以得到佐证。"玉"不仅仅作为装饰、作为美好品质的象征，在中国文化上从一开始就更多的是作为具有神圣地位的、能显示权力的神器。

长江中下游一直就有浓厚的艺术气息，可能就是从此地久远的人类文明——良渚文化继承而来的。有人认为，良渚文化就是以"蚩尤"为首领的

△ 良渚玉器

部落的文化。据考证：良渚文化时期已经有初步的政权，可以称为良渚古国。后被中原炎黄部落为首的青铜文化所打败，共同汇入中华文明之中。从历史上看，良渚文化时代的玉文化不仅没有随良渚文化的衰亡而消失，反而被后来的夏、商、周三代王朝全面继承下来，成为古代中华文明最具特色的内容。夏、商、周三代从良渚文化继承的玉文化，包括一些具体的礼器，如象征王权和军事统率权的玉钺，祭祀天地的玉琮、玉璧、玉圭、玉璜等；甚至连玉琮上那个表征良渚文化宗教信仰系统的神人兽面纹，都被夏、商、周王朝全面继承下来，成为三代礼乐文明的重要内涵。

良渚文化是神秘而又辉煌的。其为何有如此多的玉器呢？主要是因为装饰，还是因为祭祀尚不能明确，不过良渚玉器形制奇特，肯定包含着先民神秘的思维。

乾陵石像上的头哪里去了

　　乾陵，规模宏大、气势雄伟，是唐陵中最有代表性的一座。它位于陕西省西安市西北80余公里处乾县城北的梁山上，是唐高宗李治与女皇武则天的合葬墓。

　　特别引人注目的是，在朱雀门的东西两侧，有两组石人群像，西侧32尊，东侧29尊。这61尊与真人一样大小的石人，有袍服束腰的，有翻领紧袖的，也有发式、衣着和脸形各不相同的，但他们都双足并立，两手前拱，整齐恭敬地排于陵前，而他们的头，大多已不知去向。谜，就在这里。

　　首先，这些石像的原型是什么人呢？长时间以来，很多人都认为：这些石像是按照参加高宗葬礼的外国首领或使者形象制作的。近年来，有人经过考证后认为：这显然是一种误解。因为这种推测不符合当年立这批石像的历史背景和石像自身的文字记载。这批石像大约建成于武则天去世前后，初建时每个石像背部均镌刻有姓氏、职衔、族别和属国国别等文字，表明他们是来自不同民族、不同地区的"蕃臣"。但这些文字经过1000多年的风雨侵蚀，大都模糊不清了，只有一尊石像上有残存文字，还可以识读。

　　宋朝时，有一位陕西地方官叫游师雄，他曾考察过这些石像背部的文字，并做了记录。经鉴别，如今有35尊石像的头衔名称大体可以弄清，这35人中真正的客使和侨居长安的外国人不过五六人，绝大多数是唐王朝属下的各族官员或作为人质住在京师的诸属国国王、王子，其中又大多是唐朝廷的大将军、十二位将军，同时受命兼任唐边疆地区的地方行政长官。

　　从品位上看，这些官职一般都在三品以上，有的甚至官居一品。从边境各族首领接受唐中央王朝的敕封、任命、官爵俸禄来看，他们是唐朝统治阶级的一部分。通过对这些石像原型身份的查明，不仅仅破译了一个千古疑

△ 乾陵无头石像

谜，而且还说明了唐王朝统治阶级具有多民族成分的特点，说明了唐王朝的辖地在北面到达了叶尼塞河流域，在西北面不仅有新疆地区，而且北至巴尔喀什湖与额尔齐斯河流域，西到碎叶河以西的千泉、俱兰、康、石诸国。

这些石像，是我国统一的多民族国家形成的一个历史见证。

但是，这些石像的头都哪里去了？据考证：这些石像在营建陵墓的当初是完整无缺的，从石像的脖子上可以看出头被砸掉的痕迹。但直到现在，也无人能说清，是什么人在什么年代又为什么将石像的头颅砸掉。关于这个问题的传闻主要有以下几种。

一说当年八国联军侵华时，见唐陵前立有外国使臣，感到有辱洋人的脸面。所以把石人头全部砍掉了。但据史载，八国联军侵华的时候，其足迹并未到过陵地，看来此说不确。

另一说在明朝末年，瘟疫袭击乾县，当时病死的臣民百姓不计其数。百姓认为，瘟疫的来源可能是乾陵中的这些少数民族首领和洋人的作祟，因而群起将这些石像的头都搬了家。明朝人李梦阳曾说过，陵旁的石人在日落西山后变成妖怪出外作祟，路上行人断绝，妖怪践踏田禾，害人吃牛又吃猪，惹得老百姓用强弓、镢头、锄头砸打这些石人，使之碎的碎、伤的伤，身首分家。由此看来，石人断首至少在明代或明代以前。

唐高宗和武则天这两位皇帝统治中国达54年之久，他们在这里沉睡1300多年了，年代距离现代越远，谜就越难解，但愿乾陵上的石像之谜早一天被人解开。

越王勾践剑的藏处之谜

举世闻名的越王勾践青铜剑，1965年12月在湖北省江陵望山的一座楚国贵族墓中出土，全长55.6厘米。

据复旦大学等有关专家进行科学测定，越王勾践剑的主要成分是青铜和锡，还含有少量的铅、铁、镍和硫等，剑身的黑色菱形花纹是经过硫化处理的，剑刃精磨技艺水平可同现在精密磨床生产的产品相媲美，充分显示了当时越国铸剑工匠的高超技艺。

然而，当时的越国领土地处今浙江一隅，越王勾践的宝剑为什么会在远隔千里之外的江陵楚墓中出土呢？香港考古学家吕荣芳先生根据该楚墓中一起出土的竹简研究，认为墓主人邵固即邵滑，也即淖滑，邵滑是楚怀王时的大贵族。吕先生进一步从《史记·甘茂列传》和《韩非子·内储说下》所载史料剖析，认为楚怀王曾派邵滑到越，离间越国内部矛盾，诱使越国发生内乱，而楚怀王乘越乱之机而亡越。邵滑是灭越的大功臣，楚怀王把从越国掠夺回来的越王勾践剑作为战利品赏赐邵滑，邵滑死后，将这把驰名天下的宝剑殉葬，以显示他生前的功绩，这完全是有可能的。中山大学古文字研究室同志通过对该墓出土竹简的整理研究，也主张墓主人是邵固，越王勾践剑是从越国缴获的战利品。

陈振裕先生从这座楚墓出土的竹简，墓葬形制，随葬器物与其他墓葬的同类器物进行分析比较，不同意上述观点，认为墓主邵固并非邵滑。墓主邵固应是生活在楚威王或早些时候，而史书记载中的邵滑主要政治与外交活动都在楚怀王后期；邵固与邵滑是生活于不同时期的两个人。墓主邵固生前的社会地位只相当于大夫这一等级；而史书记载中的邵滑在楚怀王十五年以前就是楚国的一位老练的外交家，在"齐破燕"后，曾担任了联赵魏伐齐的重

△ 越王勾践剑

要使命；尔后又被派到越国，为越王所用。五年后，由于邵滑在越国搞离间活动，遂使越国内乱，楚国便趁机出兵灭掉越国，邵滑是灭越的大功臣。根据史书和竹简所记，楚越之间的关系在楚威王之前是很密切的，楚昭王曾娶越王勾践之女为妃，而勾践将他珍贵的青铜宝剑作为嫁女之器而流入楚国，这也并不是没有可能

的。墓主邵固是以悼为氏的楚国王族，从他祭祀先王、先君推测，他是楚悼王之曾孙，竹简中还记他常"出入侍王"，说明他与楚王的关系非常密切。死时很年轻，楚王为了表彰他的忠心侍候而把名贵的越王勾践剑赐葬邵固墓中，也是很有可能的（陈文见《中国考古学会第一次年会论文集》）。

　　方壮猷先生则认为越王勾践剑何以会流落到楚国来，这和楚国灭越问题是分不开的。因此，江凌望山1号墓的上限必然在楚国灭越以后，它的下限必然在楚襄王徙都于陈之前。因为楚国灭越以前，越国正值强盛时期，勾践宝剑不可能流落在国外。据方先生研究，越王勾践剑也有"可能是越国王子投奔楚国，客死郢都的随葬品"。

　　如此看来，越王勾践这把随身佩带的青铜宝剑，为什么会在远离越国的江陵国墓葬中出土，还是一个未解之谜。